実例でわかる

M&Aに強い税理士になるための教科書〈第2版〉

山田 勝也 著

第2版の刊行にあたって

第1版の刊行から3年半が経過しました。第1版が刊行された2020年3月は、2020年1月に新型コロナウィルス感染症の国内における初の感染が判明し、その後感染の拡大に伴い「緊急事態宣言」が発出されようとしていた時期でした。

この数年にわたるコロナ禍による影響は、第1版を執筆していた時点では想定もしていなかった多大な影響を日本経済に及ぼし、本書でとりあげる中小企業M&Aも少なくない影響を受けましたが、昨今ではM&A市場も回復の兆しを見せております。

しかし、事業承継問題はいまだ解決に至っておらず、コロナ禍という大きな社会経済の打撃と変革を受け、企業活動の継続性と成長性を求めM&Aという選択肢を選択する企業も増えてきています。

また、中小企業庁では2021年4月に「中小M&A推進計画」を策定し、これに従い、中小M&Aを推進するために今後5年間に実施すべき必要な官民の取組を進めています。具体的にはM&A支援機関に係る登録制度の創設やガイドラインの取りまとめ等を通して中小M&Aに関する基盤構築を進めていくことで中小企業がM&Aに取り組みやすい環境が構築されつつあります。また、小規模・超小規模M&Aに関しても支援を必要とする企業数が膨大でありで対応し切れていない現状を踏まえて様々な施策が講じられようとしています。

このような背景で今後、税理士が中小M&Aや小規模・超小規模M&Aに関わる機会はより一層高まってくると思われます。本書を手に取っていただいた税理士の方が業務を行うにあたって、少しでも参考になれば幸いです。

改訂にあたっては税務経理協会の吉冨智子様をはじめとする皆様には辛抱強くお付き合いいただき、心から御礼申し上げます。

令和5年10月

公認会計士　税理士
山田勝也

はじめに

我が国においてM&Aの案件数は増加の一途をたどり、その規模も徐々に大規模なものから中小規模なものへと浸透してきています。経営者の高齢化、後継者不足に端を発する事業承継問題が社会問題として取り上げられて久しくなっていますが、いまだ問題の解消に至っていません。

私が独立開業をしてから、ありがたいことに様々なM&Aのご相談をいただき、支援をする機会に恵まれました。そのような中で、事業承継問題に端を発している中小企業のM&Aが非常に多いという事実を改めて実感しました。また、中小企業の特性から、中小企業のM&Aには、特有の課題や問題も多くあります。

事業承継問題解決のための1つの出口戦略として、M&Aは非常に有用なものとなります。この市場規模の拡大には、FAやM&A仲介会社といったプレーヤーが増えていき、地道にM&Aの有用性を伝えてきたことが大きく貢献していたと思います。

一方、M&Aが浸透してきているとはいっても、現在では「利益がそれなりに出ている中小企業」がその主たる中小企業M&Aの売り手となっています。

また、社長の高齢化はさらに進んできており、事業承継問題はまだ対応が必要な課題です。そのため今後はより小規模な会社にとってもM&Aによる事業承継が進んでいくことが想定されます。

これから、一層中小企業における事業承継が進んでいく中で、私たち税理士が果たしていける役割は多くあると思いますし、中心的なプレーヤーとして活躍していけるのではないでしょうか。

本書では私のつたない中小企業M&Aに携わった経験を基に、税理士が中小企業M&Aに直面した時にどのような業務ができるのか、どのような問題点や税務上検討すべき事項があるのかを実務で知っておくべき最低限の知識としてまとめました。また、税理士は売り手の立場、買い手の立場の両方で関与する機会があると考えられることから、売り手の立場と買い手の立場という2部構成で執筆を進めました。結果、他に類を見ない視点からのM&Aに関する入門書が書けたと自負しています。

本書をきっかけに、M&Aに関与する税理士が増え、中小企業によるM&Aがより活発に、より適切に行われるようになっていくことを期待しています。

最後になりましたが、本書の出版に当たってご協力いただいた税務経理協会の吉冨智子氏、中村謙一氏をはじめとする皆様には心から御礼申し上げます。

令和2年3月

公認会計士　税理士
山田勝也

目次

第2章 顧問先がM&Aの買い手となった場合

第4章 参考資料

第 1 章

なぜ税理士はM&Aに強くあるべきか

増加する事業承継M&A 01

近年、中小企業においてもM&Aが活発に行われるようになってきました。【図表1】は、日本国内におけるM&Aの件数と取引金額の推移ですが、M&Aの件数と取引金額は近年増加の一途をたどっています。2022年には過去最高を記録しており、今後もM&Aの活況は続いていくとみる意見も多くあります。

図表1　日本におけるM&A件数と取引金額の推移

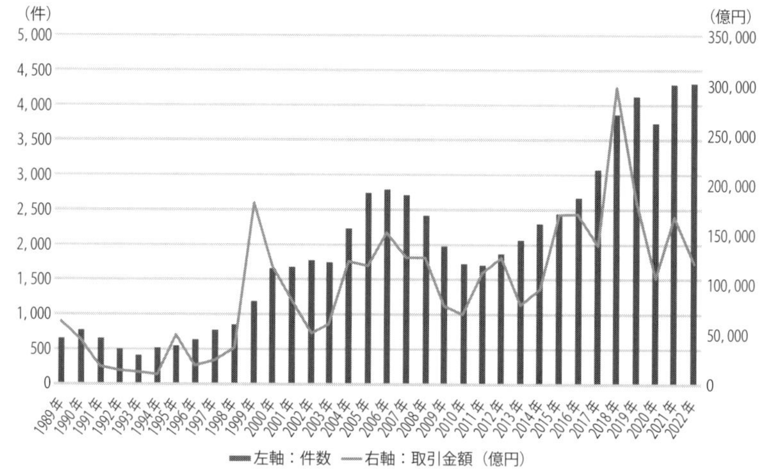

（出典：株式会社レコフデータ「MARR」より株式会社G&Sソリューションズが作成）

また、【図表2】では【図表1】のM&Aのデータのうち、いわゆるIN-INといわれる日本企業同士のM&Aについて抽出し、その取引件数と1件当たりの取引金額の推移をまとめたものです。国内企業同士のM&A件数は日本におけるM&A件数の傾向と同様に年々増加しています。一方、1件当たりの取引金額に着目した場合には、価格の低下傾向が見られます。このことから、私たち税理士の主たる顧客層である、中小規模の会社のM&Aが増加してきているのであろうと推察できます。

図表2　国内企業同士のM&A件数と1件当たり取引金額の推移

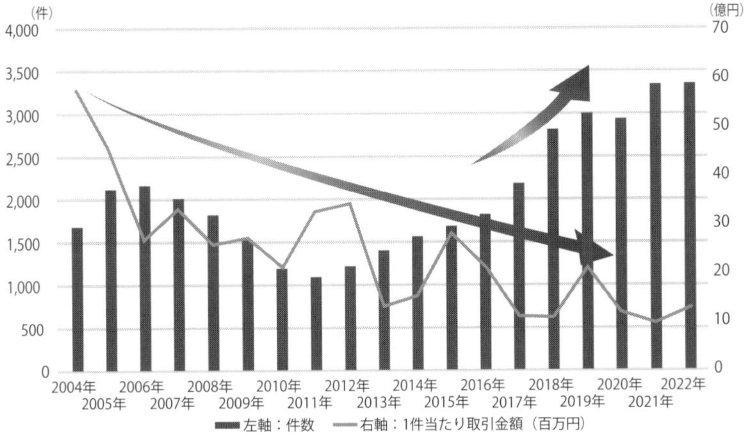

（出典：株式会社レコフデータ「MARR」より株式会社G&Sソリューションズが作成）

中小規模のM&Aが増加している背景としては、中小企業における後継者不足がその一因として考えられます。**【図表3】**を見てください。帝国データバンクが継続して行っている調査によると、2021年時点で全国の社長の平均年齢は60.3歳となっており、過去最高を更新しています。平均年齢は右肩上がりとなっており、日本の企業において社長の高齢化が進んでいます。これは日本企業において若い世代への経営者の交代がうまく進んでいないということも意味していると考えられます。

また、**【図表4】**では、社長の年齢別に後継者の有無とその不在率のアンケートをとった結果となります。ここで注目すべきは60代です。65歳以上のオーナー企業では50.7％が後継者不在であるとされ、60歳前後のオーナー企業でも7割近い不在率となっています。まさに後継者不足により、社長の平均年齢の高齢化が進んでいるといえます。

図表3　社長の平均年齢（1990-2021年）

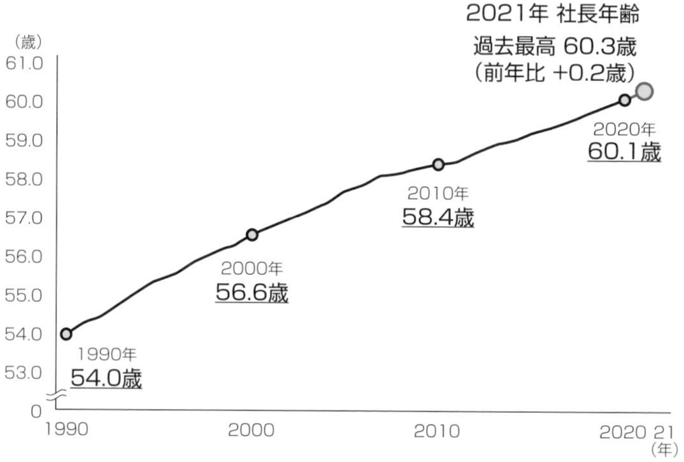

（出典：帝国データバンク「全国「社長年齢」分析調査（2021年）」）

図表4　社長の年齢別後継者の有無と後継者不在率

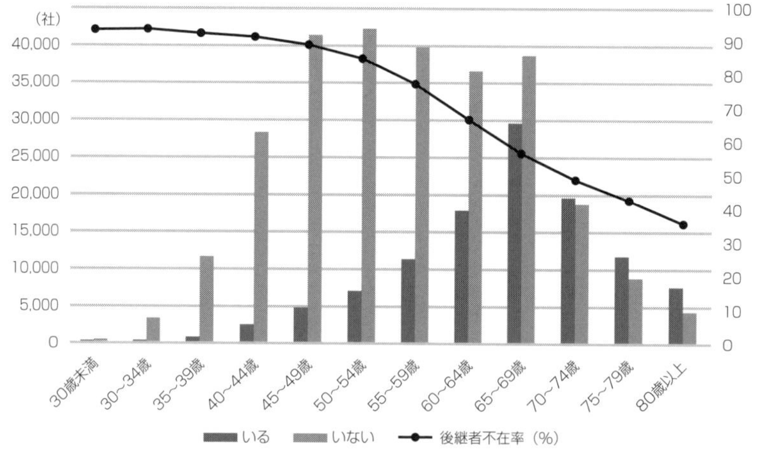

（出典：帝国データバンク「全国オーナー企業分析」）

ここで、近年注目されているのがいわゆる「事業承継M&A」といわれるものです。親族や従業員にめぼしい後継者が見当たらないときに、M&Aに事業承継の活路を見出し、第三者に対する売却をするのです。

この背景としては、M&Aに対する社会の見方の変化や、仲介者等のプレーヤーの増加、社会構造の変化による親族内事業承継の減少等が考えられます。社長の高齢化が進んでいく中で、この傾向は今後益々進んでいくのではないでしょうか。

また、ある調査機関の推計では、事業承継M&Aの件数は公表されていない案件も含めると年間3,000件近い件数に上っているのではないかともされています。

中小M&Aに関する国の取り組み 02

深刻化していく中小企業における事業承継問題の解決のため、国（経済産業省、中小企業庁等）や民間団体では様々な取り組みがなされています。

たとえば、中小企業庁では、2015年3月に中小企業経営者のM&Aに対する理解促進のため、M&Aに関する基礎知識等を紹介するM&Aの手引きとして、「事業引継ぎガイドライン～M&A等を活用した事業承継の手続き～」を公表ました。「事業引継ぎガイドライン～M&A等を活用した事業承継の手続き～」では、事業承継に関してM&Aの手続きや、手続きフロー毎の利用者や仲介者・アドバイザー等の役割・留意点、トラブル発生時の対応等の情報やノウハウを提供し、事業承継の促進を図ろうとしています。

その後、2020年3月に、中小企業のM&Aは着実に進展しつつあるものの、未だ第三者に会社を譲り渡すことを躊躇している中小企業経営者は数多く存在する背景を踏まえて同ガイドラインを全面改訂し「中小M&Aガイドライン～第三者への円滑な事業引継ぎに向けて～」（以下「中小M&Aガイドライン」という）を策定、公表しました。

中小M&Aガイドラインは第1章に「後継者不在の中小企業向けの手引き」をまとめ、第2章で「支援機関向けの基本事項」をまとめています。

中小M&Aに関する基礎知識にとどまらず、着手金や成果報酬など手数料の考え方、契約書等のひな形、専門家ごとの支援にあたっての留意点がまとめられているため、これから中小M&Aに携わる専門家としては一読すると有用でしょう。

中小M&Aガイドラインにおいては、税理士による中小M&A支援に関して以下のような支援内容を例示していますので、こちらも実際の業務を行う上での参考になると思います。

① 適正な税務申告書等の作成等

② 中小M&Aに伴う経営者保証解除の円滑な実現に向けた支援

③ 中小M&Aの課税関係等を踏まえた適切な助言及び提案

④ 中小企業等経営強化法における登録免許税・不動産取得税の特例、許

認可承継の特例

⑤　税務DD

⑥　バリュエーション（企業価値評価・事業価値評価）

⑦　マッチングサイト等の活用

⑧　債務超過企業に対する中小M&A支援

また、中小企業庁は中小企業を当事者とするM&Aを円滑にかつ安心して実施できる環境を集中的に整備するとともに、今後の取組の見通しを提供するべく、2020年11月に「中小企業の経営資源集約化等に関する検討会」を設置し、検討を行い、2021年4月28日に、今後5年間に実施することが求められる官民の取り組みを「中小M&A推進計画」として取りまとめました。

この計画に従い、中小企業庁では「中小M&Aを支援する機関」のうち、ファイナンシャルアドバイザー（FA）業務又は仲介業務を行う者を対象とした中小M&A支援機関に係る登録制度を開始しています。この中で、中小M&A支援機関の登録要件として中小M&Aガイドラインにおいて定める各事項について、その規定により求める強度が異なることを踏まえ、登録要件の取扱いに差を設けながら遵守を求めるとともに、毎年度の実績報告提出を義務付けることで特段合理的な理由なく支援実績が芳しくないなど、一定の要件に該当する場合には、登録の継続を認めない方針を打ち出すことで、中小M&A支援機関の信頼性確保の措置を講じています。

このように、官民ともに中小M&Aを支援するための制度や体制が徐々に整ってきています。

M&Aのプロセス　03

M&Aが成立するまでの流れは、買い手と売り手による交渉過程そのものです。以下の**【図表5】**は、一般的なM&Aの進み方を示したものです。買い手、売り手ともに、なぜM&Aをするのかといった戦略の立案から始まり、相手方の探索、基本条件の合意、デューデリジェンス（DD）の実施を経て、条件交渉、契約締結へと進んでいきます。

ここで留意すべきことは、全てのM&Aがこのプロセスを踏むわけではないことを理解することです。M&Aの規模や買い手と売り手との関係性、スケジュール等々、全ての案件には固有の事情があります。したがって、固有の事情を勘案した結果、適宜、簡素化・省力化され進んでいくこともあります。

図表5　M&Aのプロセス（例）

1　M&A戦略の立案

買い手の立場からは、どのような目的で、どのような会社を、どの程度の予算で購入したいか等を検討する段階です。ここでM&Aを闇雲に進めるのではなく、M&Aを自社の事業戦略の一環と捉え、その必要性を慎重に検討することが重要です。明確にM&Aの目的等を決めておくと、後に無謀な投資に繋がるM&Aの実行を防止することができる可能性が高まります。

売り手の立場からは、なぜ売るのかという明確な理由を考えておく必要があります。M&Aは交渉でもあるため、全ての条件が全ての点で希望通りに認められるとは限りません。その時に立ち返るべきであるのは、なぜM&Aをするのかという点になります。また、M&Aにおいて譲れない条件や最低売却価額等もある程度は明確にしておくことが必要です。

買い手、売り手いずれの立場においても、M&Aを検討するに当たって、きちんと目的等を明確にすることが不本意なM&Aを避けるために重要です。

2　ターゲットの選定

一般に、M&AはFA（ファイナンシャルアドバイザー）やM&A仲介会社を通すことで相手方を探索します。

検討の初期段階では、売り手の情報は機密性が高いことからノンネームシートという匿名化された案件情報として取りまとめられ、買い手候補の探索が行われます。

買い手も、このノンネームシートを基に買収対象企業を絞り込んで行きます。ある程度対象が絞り込まれた後に機密保持契約が締結され、企業概要やその他の企業情報が開示されていきます。

3　初期交渉・プレデューデリジェンス・予備的価値評価

買い手は、限られた情報から売り手の情報を分析し、提示する条件や価格等を検討します。この段階で売り手と買い手は接触し、必要に応じてトップ面談等を通して双方の理解を深めていきます。

4　基本合意・意向表明

買い手と売り手の条件が概ねまとまった段階で、売り手は交渉を進める相手を1社に絞り、買い手との間で合意した主要条件を明記した基本合意書を締結することが一般的です。基本合意書には買収価格の他、待遇や独占交渉権等多岐にわたった事項が記載されます。基本合意書は、買い手と売り手との間で形成された合意事項を双方に確認する性質を有します。

なお、基本合意書の締結に代えて、買い手から主要条件等を明記した意向表明書を売り手に対して差し入れ、売り手から買い手に対して応諾書を差し入れるという方法による場合もあります。

5　デューデリジェンスの実施

基本合意された事項に基づき、買い手は売り手に対してより詳細な調査を行うフェーズに移ります。この買収のための詳細な調査は、デューデリジェンス（DDや買収監査）と呼ばれます。このデューデリジェンスは、買い手が直接行うこともありますし、買い手が起用した公認会計士、税理士、弁護士、社会保険労務士等の専門家に委託することもあります。

デューデリジェンスの範囲は、ビジネス、財務、税務、法務、労務、不動産、環境といったように多岐にわたり、買い手は案件の概要や規模、予算等によってその範囲や委託内容を決定します。

この間、売り手には様々な資料の要求や質問がなされるため、相当程度の負荷がかかります。仮に、意図的に虚偽の説明や隠ぺいした場合には、買収が成立しても後々問題となる可能性があるため、売り手は、買い手からの要望に真摯に対応していくことが重要です。

6　条件交渉

デューデリジェンスの結果や事業計画の検証結果、その他の諸事情を踏まえ、最終契約に向けた交渉が行われます。

この交渉の過程では、買収価額の調整の他、対価の支払方法や従業員の処遇の決定、株式譲渡契約へのデューデリジェンス等の過程で検出された諸リスクに対する売り手による表明保証条項への織り込みの検討が求められることもあります。

+α ポイント

表明保証条項

株式譲渡契約においては、一般的に売り手が対象会社の株式を適法に保有していることや、デューデリジェンスで開示された情報に虚偽がないこと、対象会社の財務諸表が適正に作成されていること、開示していない偶発債務や簿外債務はないこと、その他保有している資産、契約関係、労務関係等に関する事項について、一定の事実を表明し、保証することにより対象会社に問題が生じた場合の各当事者の責任やリスクを負担に関して明確にするための条項を契約に織り込みます。これを表明保証条項といいます。

7　契約締結・クロージング

詳細な契約条件が固まったら、合意された条件に基づく最終契約の締結となります。契約書案を売り手及び買い手の双方で確認し、契約日や必要書類等の準備を進めます。契約の準備が整ったら正式契約の調印となります。

M&Aにおいては契約日と決済日が異なることがあります。一般に株式譲渡契約では、代金の決済をもって株式の所有権が移転することが多いようです。

この契約書への調印から決済までの流れをクロージングといいます。

8　統合段階

M&Aは買収契約の成立をもって終了しません。むしろ、買収契約の成立がスタートとなり、新たな経営体制の下でのスタートが切られるものです。買い手は、買収した日以降対象会社の新たな経営者としてグループ一体となって経営を行い、冒頭のM&A戦略の立案で期待した効果を発揮できるよう取り組むことになります。

この、M&A成立後の統合プロセスをPMI（Post Merger Integration）といい、新たな体制での経営をスタートする日をDay1と呼びます。このDay1からスタートし、100日でのアクションがM&Aの成否を握る重要な時期であるといわれています。

実例1 M&Aの専門家を起用しなかったことにより、案件が思うように進まなかった

出版業を営むA社の社長は、知り合いの経営者を通じてオンラインメディアを通してデジタルコンテンツを配信しているB社の社長と知り合った。A社では、かねてからの出版業界の先行きに不安を抱えており、自社の現業との関連性はあるものの成長性を見込める事業への新規事業への進出、ないしはM&Aによる事業領域の拡大を模索していたところであった。一方、B社の事業は長期間かけて、一定のユーザー層を獲得しており、近年は安定的な収益を生み出している状況ではあったが、B社の社長は新たな事業領域にその興味が移っており、近い将来会社の売却や経営権の委譲も視野に入れていた。

このような中で、A社とB社の社長は結びつきができ、親交を深めるうちに、M&Aへの思いについて話題に上がり、お互いに前向きに進めることで合意した。

しかし、A社、B社ともに中小企業であり、M&Aに関する知識や経験がある従業員が社内にいるわけでもなく、その後の話がなかなか進まない状況で数年が経過してしまった。

そのような中で、B社の社長もいよいよ新規事業への着手を進めなければならないという危機感を覚え、私に相談にきた。

顛末としては

本件では、相談を受けた後、すぐにアドバイザリー契約を締結することとなった。私たちが関与し、すぐにA社とB社の間で機密保持契約を締結し、条件交渉の段取りをセッティングした。

幸いにして買い手から提示された条件は売り手の考えと大きく乖離しておらず、条件交渉の開始から時間をかけずに基本合意の締結に至ることができた。

その後、簡易的なデューデリジェンスを受け、私がアドバイザリー業務を引き受けてから5か月で株式譲渡契約の締結と決済を完了させることができた。

これは売り手と買い手に親交があり、お互いの事業の理解が深かったため、アドバイザリー契約を締結してから早期での決着とすることができたと思われる。

本件は、売り手となる会社、買い手となる会社に専門的な知識を有する従業員等がおらず、A社、B社の社長はともに前向きであるにもかかわらず、長期にわたって誰にも相談できずに案件が進まなかった事案である。

M&Aのプロセス自体は、経験していればさほど難しい話ではないが、身近に相談できる者がいないということが、時間を無駄に経過させることになってしまう。本実例は、その代表的なケースであった。

M&Aに強い税理士の必要性と可能性　04

ここまで述べてきたように、オーナー社長の高齢化を背景とした事業承継問題の1つの解決策として、事業承継M&Aが増加していく傾向はこれからも続くと思われます。また、M&Aの対象となる会社規模も、大会社から中小企業へその範囲がより拡大していく傾向も続いていくでしょう。事業承継M&Aが増加していることは、私たち税理士にとってどのような影響を及ぼすのでしょうか。

日本企業の99%以上が中小企業といわれています。そのような中で、私たち税理士の主たる顧客としては中小企業が中心となっています。M&Aが、今後、中小企業により拡大・浸透していくことにより、私たち税理士の関与している会社においても、M&Aに関わっていく機会というのは今後ますます増えていくと思われます。

2018年1月に東京商工会議所が公表した「事業承継の実態に関するアンケート調査」報告書によると、非上場の中小企業が事業承継について最も身近な相談相手（複数回答）としては、「顧問税理士・公認会計士（48.4%)」という結果が出ています。また、中小企業白書2006年版でも「事業承継に関して最も相談している相手」「事業売却について相談しやすい相手」に関するアンケート結果が示されており、**【図表6】**にその結果をまとめています。この結果からも、多くの経営者が事業承継を税理士や公認会計士といった会計専門家に相談し、事業の売却の際にも相談しやすい相手であると考えていることが分かります。

また、**【図表7】**は、**【図表6】**の相手に対してなぜ相談しやすいのかを質問した結果になります。このことから、中小企業の経営者は、事業売却するに当たって、税理士や公認会計士といった専門家に対して、その関与先に対する深い理解と事業売却に関連した専門知識を有しているであろうことを期待していることが読み取れます。

中小企業において、今後益々M&Aが活発に行われていくことが想定されている中で、経営者は最も身近な専門家である税理士等に、M&Aに関する一定の役割を期待し、相談するケースはこれまで以上に増えていくことが想定されます。

そのような中で、私たち税理士が、M&Aは専門外であると敬遠したり、頼りない対応をしてしまったりした場合には経営者はどう思うでしょうか。これまでに顧問先との間で築いてきた信頼関係が一気に崩れてしまうかもしれません。

中小企業経営者の良き相談相手として、税理士にとってM&Aがより身近なものになる時代は近づいてきています。これからの時代に、税理士としてM&Aに関する知識を蓄積し、変化に対応していくことが重要であるとともに、『M&Aに強い税理士』となることで、「税理士としての業務範囲の拡大、売上向上」(攻めの側面)につながるとともに、「既存顧客からの信頼を失わず、継続して関与し続ける」(守りの側面)ことにもなり、攻守の両面で税理士業務をより強固にしていくことになります。

本書では、顧問先が買い手となるケース、顧問先が売り手となるケースにフォーカスし、税理士として最低限知っておくべき知識や対応を解説していきたいと思います。

図表6　事業承継・事業売却について相談しやすい相手

〈事業承継〉

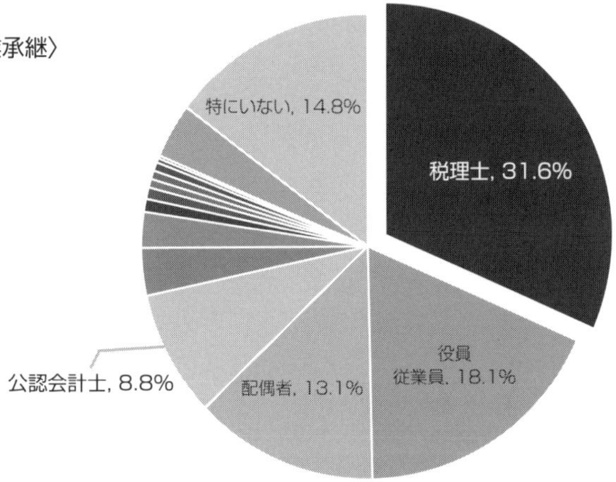

（出典：中小企業白書2006年版より株式会社G&Sソリューションズが作成）

〈事業売却〉

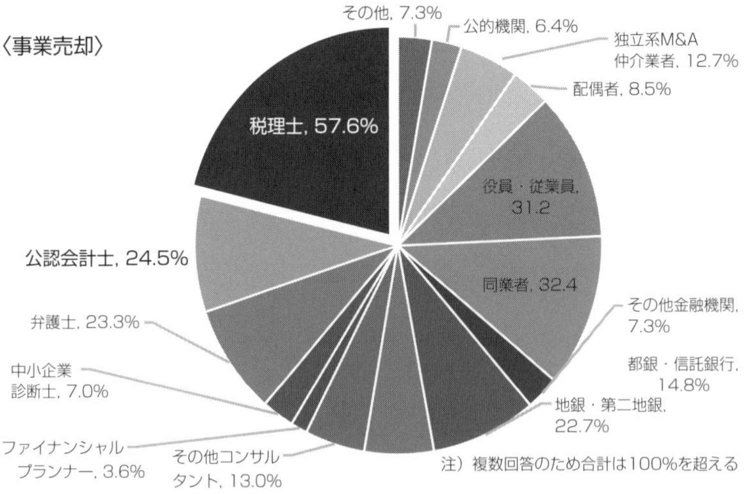

注）複数回答のため合計は100%を超える

（出典：中小企業白書2006年版より株式会社G&Sソリューションズが作成）

図表7　職種別の事業売却について相談しやすい理由

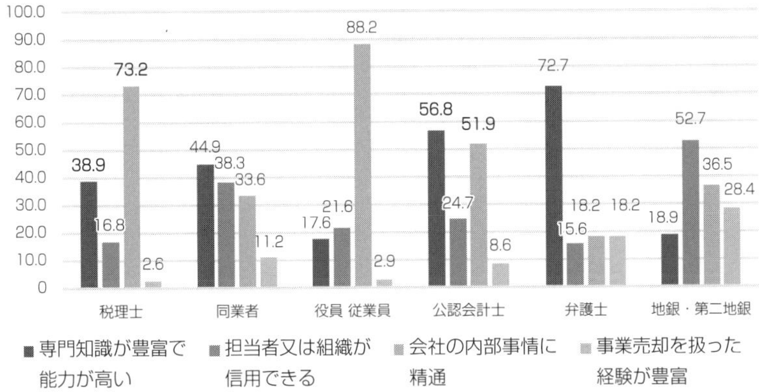

（出典：中小企業白書2006年版より株式会社G&Sソリューションズが作成）

実例2　遅すぎた事業承継対策により悪条件でのM&A交渉に

中部地方で建設業を営むC社は地場に根差した営業により、急拡大とはいかないが安定した利益を上げる経営を行っていた。

C社の社長は65歳を超えていたが、会社の跡取りとなる子供はいない。社長の保有している財産としては自宅とC社株式が主たるものである。C社の株式は全て社長が保有しており、社長は後継者にその株式を譲る予定であった。

社長は、自身が60歳を超えるころから、後継者への事業承継を意識し始め、C社に長年勤務している従業員の1人を後継者候補として見定め、まずは取締役として登用した上で社長は会社の第一線から退き、後継者候補に一定の権限を与えて、経営に携わらせてみた。

しかし、5年経った時点でも、後継者候補は会社の業務に関する知識は深いものの、経営能力に関しては成長せず、近年C社の業績はじりじりと下がっている状況にある。

このような状況を見て、社長は漠然と後継者候補に事業承継することは難しいと感じるが、特段手立てを持たない状況でいた。

そのような中で、ある時社長に重病が発覚し、2か月程度入院することとなった。幸いにして大事には至らなかったものの、これまでと同様に働くことが難しくなった。今後の事業運営に不安を覚える出来事であった。

顛末としては

社長は、退院し現場への復帰を果たすが、自身の入院を通して今後も同様なことが起きた際に、会社の経営に支障が出ることや、自身が死亡したときに会社の株式が会社に関係のない親族に相続されることになることで自身が立ち上げた会社の存続が危機にさらされる可能性を感じ、従前から親交のあった私のもとへ相談に訪れた。そこでまず、M&Aアドバイザリー会社に連絡をし、現在の自身の状況と、できる限り早期に会社を売却したい意向を伝え、M&Aの検討を行うこととなった。

幸いにして、早期に売却先候補企業が見つかり交渉に入ったが、近年の業績不振や、社内外での社長の影響力が大きいことを懸念され、買収価額は純資産を下回る価額を提示された。

社長としては、長年築き上げていた会社の価値としては納得できず、不本意ではあったが、自身の体調から早期の決着とC社の事業存続を優先させて、応じることとした。

もし、このような状況に陥る前にM&Aの検討をしていれば、より良い条件の相手先が見つかったかもしれず、M&Aの検討は、余裕をもって検討できる時期から進めるべきであることに改めて気づかされる実例であった。

第 2 章

顧問先が
M&Aの買い手となった場合

顧問先からM&Aにより他社を買収したいと相談されたら　01

顧問先からM&Aを行いたいという相談を受けた場合、税理士としてどのような支援ができるでしょうか。

M&Aに関して詳しくないという理由や、漠然と難しいことだということで敬遠していないでしょうか。確かに、本格的なM&A対応を行うには一定の専門知識や経験が必要となることもあります。

しかし、きっかけとなる相談への対応は税理士でも十分可能です。また中小企業M&Aにおいては、必ずしも高度な知識レベルを求められないことも多いものです。

以下ではM&Aのフェーズごとに買い手の立場として支援ができることをまとめています。

1　M&A戦略の立案・ターゲットの選定

M&Aの買い手候補となる会社に対して支援を行う場合には、例えば以下のような観点でアドバイスをすることが考えられます。

初期段階においては、買い手候補となる会社もただ漠然とM&Aに対する興味があるというケースがあります。このような場合に、買い手がなぜM&Aを実施するのか、事業戦略上の位置付け、M&Aのリスクや買い手として必要な人的資源等を明確にすることをお手伝いしていきます。全ての会社にとってM&Aが適合するわけではありません。相談相手となる会社の実情や、実際に他社であった事例等を踏まえ、個々の顧客ごとにM&Aを行うことが本当に必要であるか、中立的な立場で相談に乗ることが重要です。このプロセスで明確にM&Aを実施する目的を固めることは、その後の検討や交渉、M&A実行後の事業戦略の実行に至るまで影響を与えてきます。全てのM&Aが成功するというわけではありません。M&Aのリスクを踏まえ、この段階においてその決意と覚悟を固めることが重要なのです。

M&Aの目的を定めたら次に、適合する相手を探索することになります。

M&Aの対象となる企業を探す方法には、M&Aのアドバイザー同士のつながりで探す方法、M&A仲介会社を使う方法、経営者の独自のネットワークで探す方法、M&Aのマッチングサイトで探す方法等様々なものがあります。なお、日本税理士会連合会も中小企業の後継者探しを支援するための事業承継サイト「担い手探しナビ」を立ち上げ、税理士を通したマッチングサイトをリリースしており、税理士によるM&Aの促進を支援しています。アドバイザーや仲介会社、マッチングサイト等には多額の着手金や利用料が発生することもあるため、どのような方法で探すかをそれぞれのメリットやデメリット、特徴等を説明した上で買い手に対してアドバイスする必要があります。

M&A先の探索プロセスにおいては様々な候補会社が選定され、アドバイザーの支援の下でまとめられた企業概要書等により買収候補先企業の基礎情報が開示されてきます。このプロセスにおいては基礎的な財務情報や事業上の特徴を踏まえて、さらなる交渉を進める先を絞り込んでいきます。私たち税理士の立場としても、財務情報等から読み取れる情報を基に対象会社の特徴や同業他社との比較による見解、想定されるリスク等をアドバイスすることによって積極的に関与していけるフェーズでもあります。

2　初期交渉・プレデューデリジェンス・予備的価値評価

上記のプロセスを経て、ある程度絞り込まれた買収候補先との間で、トップ面談等を通して、買い手はさらなる情報開示要求や質問等を行っていきます。この段階においても、私たち税理士が財務面において積極的に関与することができるかと思います。

また、初期的に開示されている情報を基に企業価値評価を行うことが求められることがあります。詳細は次節で説明しますが、この時点で私たちが行う企業価値評価が、唯一絶対の価値を示すものではないことを買い手に理解をしてもらうことが重要です。

なお、買い手は、初期的な交渉段階から税理士等に支援を求めてくることがありますが、その際にはいわゆる「非弁行為」となるような業務を行わないように注意が必要です。

+α ポイント

非弁行為

弁護士法72条

弁護士又は弁護士法人でない者は、報酬を得る目的で訴訟事件、非訟事件及び審査請求、異議申立て、再審査請求等行政庁に対する不服申立事件その他一般の法律事件に関して鑑定、代理、仲裁若しくは和解その他の法律事務を取り扱い、又はこれらの周旋をすることを業とすることができない。ただし、この法律又は他の法律に別段の定めがある場合は、この限りでない。

3　基本合意・意向表明

買収候補先の会社に対する検討、初期的な交渉過程を経て、基本的な条件が固まってきて、売り手との間での基本合意書の締結や、意向表明書の差し入れを行う際に、私たちに意見を求められることがあります。私たちは意向表明書等のレビューを通して当初から想定している条件が十分に織り込まれているか、その後のデューデリジェンスにおける協力義務が織り込まれているか、情報に制約はないか、想定しているスキームに税務上の問題はないか等についてアドバイスすることができます。

この時点においても前述と同様に「非弁行為」となるような業務を行わないように注意が必要です。

4　デューデリジェンスの実施・企業価値評価の実施

私たち税理士は、財務、税務の専門家として財務デューデリジェンスや税務デューデリジェンスの実施により買収対象会社の調査を行い、買い手の懸念事項や買収におけるリスク、契約において検討すべき事項、買収後の留意事項等を調査し、報告することができます。

また、デューデリジェンスの結果を受け、更新された情報、新たに入手した情報を基にこの時点においても企業価値評価の実施が求められることがあります。

買い手が買収資金の全部または一部を自己資金でなく、金融機関等から調達しようとする場合には、金融機関等からデューデリジェンスの結果や企業価値評価の結果の提出を求められることがあるため、あらかじめデューデリジェンス結果や企業価値評価結果の提出の有無の確認をするようアドバイスするとよいと思います。

5　条件交渉・契約締結・クロージング（決済）

デューデリジェンスが終了すると、いよいよ買収の最終段階に入ります。私たちは、デューデリジェンスによって発見された事項について契約交渉時に詳細な説明を求められることがありますし、契約書の内容に関して財務・税務の専門家としての意見を求められることがあります。

また、契約書の内容によっては、今後の会計処理や、税務上の取扱い等に影響するような事項もあるため、その観点から契約書をレビューすることも買い手にとっては有用です。

6　統合段階

M&Aにおける私たち税理士の関与は上記のデューデリジェンスや企業価値評価がメインであると思われがちですが、この統合段階において関与していくことが重要です。

統合段階においては、当初想定していたM&Aの目的を達成するために買い手と買収対象会社との間で様々な検討や作業が行われます。その中には、財務効率化や、業務効率化、子会社からの報告体制の構築、月次決算体制の充実化、連結決算体制の構築等、私たち税理士がアドバイザーとして力を発揮できる領域が多々あります。これまで買い手の支援を継続的に行ってきた場合には、買い手がM&Aの目的を達成するために支援できることを積極的に発信していくことが重要です。

実例3　十分な検討をせずにM&Aを進め失敗に

税務顧問先である保険代理店業を営んでいるD社は、売上高3億円、従業員15名規模の会社である。D社の社長は同業であるE社より会社の譲受を打診された。

E社は売上高3千万円、従業員4名とD社よりも小規模な会社である。E社社長は事業の廃業を検討しているが、社長は従業員からの信頼が厚く、長年勤めてきた従業員や取引先のことを考え、事業を継続するべく同業へ売却することを模索していた。

一方、D社のビジネスは営業マンの人数が売上成長と大きく関連するため、営業マンの確保には常に頭を悩ませていた。その中でE社から本件の打診があり、既存契約の引継ぎもできるということで前向きに検討することとなった。

E社の事業内容はシンプルであり目立った資産・負債はない。E社社長は次の新規事業の立ち上げに既に着手しており、希望譲渡価額も極めて少額であったが、決断を急いでいた。D社は、買収価額が僅少であることと、同業でありシンプルな事業であることから、即決で買収を決めた。

顛末としては

D社によるE社の買収後に、両社の営業マンを一拠点に集約させ、一体とした経営をするため契約関係を整理するべくE社の事務所やリースしている備品を解約しようとしたところ、中途解約に違約金が発生することが発覚した。また、E社の整理に関しても専門家報酬等が発生することとなった。

さらに、E社の従業員は、E社社長のことを慕ってE社に勤めてきたこともあり、買収の発表後に4名中3名が退職する事態に発展してしまい、D社からすると買収金額及び統合関連費用をかけ、従業員を1名獲得できたのみであるという結果となってしまった。

結果だけみると、D社はE社の株式取得というスキームではなく、各従業員に転籍の旨を伝えた上で、事前に同意を得る形で事業譲渡といったスキームの方がより適切であった可能性もある。

特に中小企業では、人的つながりが強く、社長の交代に伴い退職するケースが多いため、シンプルな事業で対価が安いからといって安易に決断すべきではない。また、本件はデューデリジェンスを実施していないが、統合予定であるならば統合にどの程度の弊害やコストがかかるのかは事前に確認すべきであった。

本件は、私に買収の事実を知らされた時点が譲渡契約後であったため、なんら手立てを打つことができなかったが、検討段階で相談してもらえれば、そもそものスキームの検討や、簡易的な調査の実施等で支援できたかもしれず悔やまれる実例であった。

株式の価格と企業価値 02

買い手にとって、買収価額をいくらとするかは非常に重要な問題となります。

M&Aを実行する買い手側にとって、M&Aは事業投資と考えることが多いと思います。すなわち、ある会社を買収することで、その会社が将来生み出す利益を期待し、もしくはその会社と自社との相乗効果によりさらに利益を獲得できることを期待しているのです。買い手がM&Aを実行するということは「買収価格＜買収価値」という関係が成立しているということなのです。

税理士が顧問先の会社より買収を検討している会社の財務内容等の概要を示され、意見を求められることは少なくありません。ここでは、M&Aにおいて買収される価格がどのような考え方で形成されていくのか考察していきたいと思います。

1　M&Aにおける「価値」と「価格」

M&Aにおいては、しばしば「価値（バリュー）」と「価格（プライス）」すなわち、M&Aの当事者により考えられるその企業の「価値（バリュー）」と、実際にM&Aにおいて取引される「価格（プライス）」は異なる概念として取り扱われます。

例えば、古着店でビンテージジーンズが1本50万円で販売されていたとします。この商品の見方について、ビンテージジーンズが好きな方であれば希少価値や保存状態から見ても喉から手が出る程の一品、しかしビンテージジーンズに興味がない方からしたら単なる古着ということがあり得ます。

この例でいう1本50万円が「価格（プライス）」となります。一方、ビンテージジーンズが好きな消費者にとって希少価値があり80万円までなら出してもいいなという金額、興味がない消費者からすると古着なので1万円までであれば買ってもいいなという金額、この金額感が「価値（バリュー）」です。

このように「価値（バリュー）」は当事者の主観によりその尺度が異なってきます。

一般的に取引は売り手の考える「価値（バリュー）」＜「価格（プライス）」となり、買い手の考える「価値（バリュー）」＞「価格（プライス）」となる場合に成立します。

M&Aに当てはめると、売り手となるオーナーは自社の価値を自社の状況に照らして評価します。一方、買い手は買収対象会社の収益性や強み、自社との相乗効果等を見込んで買収対象会社の価値を評価します。一般的に売り手の思う価値と買い手の思う価値とは異なるものとなります。そして、当事者間で決まる価格はお互いが考える価値とは異なることも少なくありません。

すなわち、売り手としての自社の「価値（バリュー）」は、自社を売却すると判断する上での最低価格として機能し、買い手としての「価値（バリュー）」は、対象企業を買収すると判断する上での最高価格として機能しているといえます。

2　価格決定のプロセス

それでは、実際のM&Aの買い手はいかにして対象会社の価値を評価し、価格を決めていくのでしょうか。

本節の冒頭で述べたように、買い手はM&Aにおいて対象会社の「価値」を見極め、その「価値」を基に買収交渉に臨みます。

買い手は自社の売上拡大、グループとしての相乗効果の追求、仕入・調達コストの削減、人材や信用の確保、新事業参入等の一定の目的を果たすためにM&Aを行います。M&Aにより果たすことができる目的を見据えて、対象となる会社の経済的な価値を検討していくことになります。

すなわち、買い手は対象会社の価値について、「買収による相乗効果を織り込まず、対象会社単独での事業を行った場合の固有の価値（スタンドアロンバリュー)」に「買い手が対象会社を買収することによる効果(シナジー効果)」を加味し判断していくこととなります。買い手は自社が評価した対象会社の価値の範囲内で売り手と交渉し、価格の決定に至るのです。

私の経験では、中小企業の経営者はM&Aの交渉によって決定される「価格」と、買い手が買収対象の会社に対して検討する「価値」の違いについて十分に理解できず、混同してしまうことが多いように思われます。これを十分に理解できないと、私たちが行う株式価値の評価結果を唯一絶対のものであると勘違いしてしまうことや、評価結果に関する理解が不十分であり後々のトラブルを誘発する原因ともなることもあります。そのため、買い手経営者がこの点を理解していないようであれば、その点を十分に説明し理解をしてもらった上で、業務を受託することが重要です。

+α ポイント

シナジー効果

M&Aにおいて、対象会社を買収することによって得られる相乗効果をいいます。相乗効果には収益をアップさせるものや、コストダウンさせるようなものといったようなプラス要素のものもあれば、逆に統合することにより収益性等の低下につながるようなマイナス要素もあります。

買収価格決定の仕組み

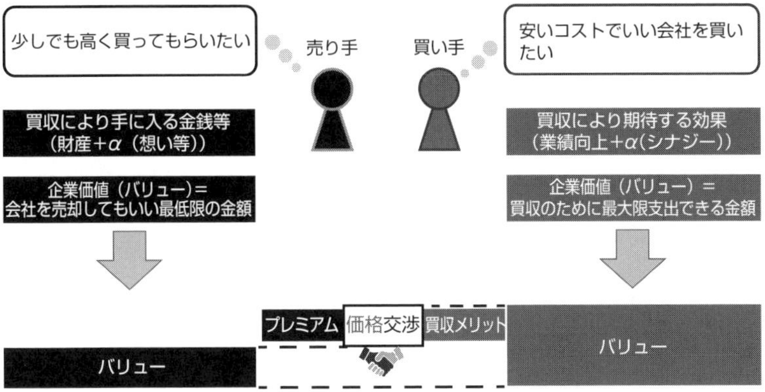

3　買い手にとっての企業価値評価の意義

買い手は、買収対象となる会社について以下のような目的から企業価値等を評価します。

・対象会社にオファーする価格を決定する際の参考とするため

・価格交渉時の上限価格の目安を決定する際の参考とするため

・株主等の第三者に対して合理的な価格で買収したことを説明するため

企業価値評価は、専門領域ではあるものの独占業務ではないため、買い手自身が行うこともあれば、M&Aを仲介するアドバイザー等によって行われることもあります。また、評価方法についても本書で触れるようなファイナンス理論に従った方法もあれば、評価者独自の方法によって評価される場合もあります。

買い手は買収価額の合理性に関して、より信頼性を高めるため、客観性を高めるために公正な第三者である会計専門家に企業価値評価を依頼することがあります。

企業の価値は、量産化された商品と異なりそれぞれの会社でその背景や経営資源等が異なります。また、前述のようにM&Aの価格は最終的には売り手と買い手の間の交渉で決まることから、企業の価値はいわゆる「一物多価」であるといわれています。

このような前提の下、買い手が企業価値評価を私たち専門家に依頼するということは、私たちにとっては、その評価結果に対して一定の責任が伴うということです。すなわち、合理的で説明可能な評価手法によって客観的に評価することが求められるのです。ただし、企業価値は一物多価であるため、評価結果はレンジにより示されることも多く留意が必要です。

そのため、私たちが企業価値評価を業務として行う場合には、一定の評価手法やガイドラインに従って評価をする必要があります。このことにより、評価結果に対する信頼性も高まり、また委託された業務に対して十分な説明責任を果たすことができるのです。

なお、企業価値評価の業務や手法に関して定めた基準はないものの、実際の評価業務を行う際のガイドラインとして、日本公認会計士協会が公表している「企業価値評価ガイドライン」があります。ガイドライン自体に法的拘束力はないものの、企業価値評価の実務に携わる専門家としては当然に理解が求められるものとなるといえます。また、企業価値評価の手法はコーポレートファイナンス理論に従ったものが多く、本書では代表的な手法について概説はしていますが、実務として携わる場合には、コーポレートファイナンス理論についても十分に理解する必要があります。

実例4　株価算定を依頼され対応した結果、逆に信頼を失ってしまった例

売上規模5億円ほどの卸売業を営むF社では、20年ほど前に先代の社長からその息子が社長を引き継ぎ、これまで堅実に経営を行ってきた。

しかし、F社の社長も60歳を迎え体力の衰えを感じ、F社の後継者や相続といった事業承継の問題について悩んでいた。そんな中で、経営者仲間よりM&Aによる事業の売却という話を聞き、顧問税理士に自社の評価について価値の算定を依頼した。

この点、顧問税理士は、相続対策等での株価算定の依頼を受けたものと思い込み、財産評価基本通達に従った株価算定書を作成し提出した。

相続税評価額による株価算定を行い、社長に伝えたところ、社長は自身が思う会社の価値よりも大幅に下回った価値であったため、一旦M&Aの検討は棚上げし、他の対策を検討することとした。

顛末としては

その後、F社のもとに、M&A仲介事業者からの連絡があり、面談することとなった。

F社の社長は仲介業者の話を聞き、事業承継の出口としては検討の価値があるものの、以前に税理士から入手した株価算定の結果が頭にあり、その時点では参考までに話を聞いてみようかという程度であった。M&A仲介事業者からは、資料の開示を受ければ、企業価値の簡易査定ができるという提案を受け、税理士から株価算定書を入手してから数年経過していたことから依頼することとした。

数週間後、M&A仲介事業者からは、以前算出された株価の数倍もの金額が

提示され、社長としては非常に驚くとともに、そのような価値があるのならばということで、M&A仲介事業者と契約しM&Aによる事業承継を目指すこととした。

しかし、過去に税理士が試算した金額との乖離が大きいことから、社長としては今後のM&Aを進めていく中で自身のパートナーとして当該税理士は信用できないと判断し、税理士を変更することとした。そこでM&Aに強い税理士ということで私が紹介された。

税理士の交代に伴いこのような経緯を聞いたが、顧客とのコミュニケーションが上手くいかず勘違いにより不信を生んだ典型的な事案であり、私自身も教訓となるような事案であった。

その後F社では、条件がマッチする相手が見つかり、事業承継に成功した。

4　企業価値評価の手法（アプローチ）

(1)「企業価値」と「事業価値」と「株主価値」

M&Aで出てくる価値には「企業価値」と「事業価値」と「株主価値」といった3つの価値が使い分けられています。ここでは、それぞれの価値に関して簡単に解説したいと思います。

「事業価値」とは、事業から創出される価値をいいます。会社は、自己資金もしくは外部から調達した資金を基に事業投資を行い、事業を行うことで利益を獲得していきます。事業価値の算出には様々な方法がありますが、会社が事業活動を行うことによる価値を評価しようとしたものです。

「企業価値」とは、事業価値に加えて、事業以外の非事業性資産等の価値を含めた企業全体の価値をいいます。会社は、単純に事業のみに必要な資産や負債を持ち、本業だけを行っているわけではありません。直接事業には関係のない資産運用等を行っている場合もあります。そこで企業全体の価値を示すものとして上記の「事業価値」に非事業性資産等の価値を加えたものを

「企業価値」といいます。

「株主価値」とは、企業価値から有利子負債等の他人資本を差し引いた株主に帰属する価値をいいます。企業の事業活動はオーナー等が投下した自己資本と金融機関等から調達した他人資本といった2つの資本を元手に行っています。したがって、上記で評価された「企業価値」は、株主だけに帰属したものとはなりません。したがって、「企業価値」から他人資本である「有利子負債等」を控除して株主に帰属する価値である「株主価値」を算出します。

企業価値評価を理解するための基礎概念

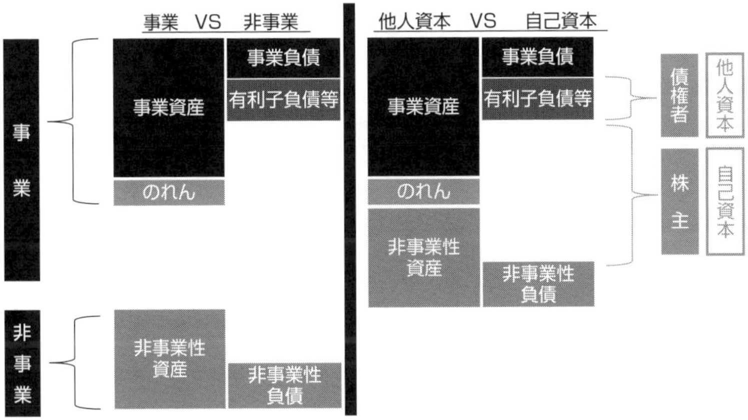

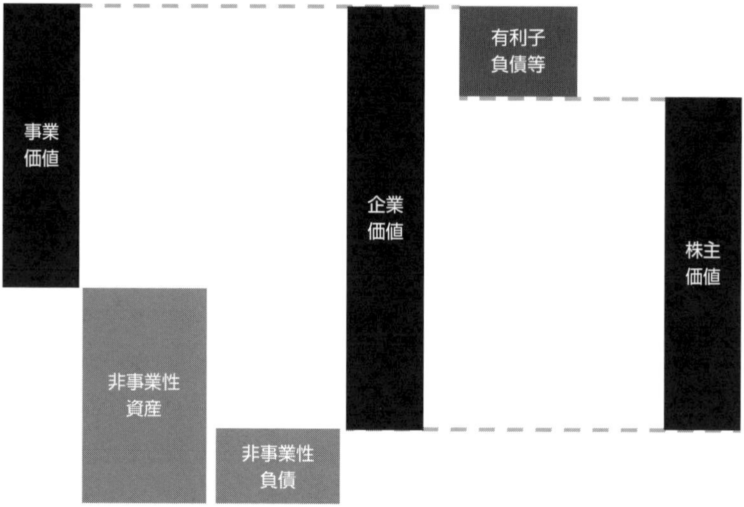

(2) 企業価値評価（バリュエーション）のアプローチ

バリュエーションの手法には、インカム・アプローチ、マーケット・アプローチ、ネットアセット・アプローチといった3つのアプローチがあります。

インカム・アプローチは評価対象会社から期待される利益やキャッシュ・フローに着目し企業価値を評価する手法です。インカム・アプローチの代表的な手法としてはDCF（ディスカウンテッド・キャッシュ・フロー）法や、残余利益法、配当還元法といった方法があります。

マーケット・アプローチは上場している同業他社や類似取引事例など、類似する会社、事業、取引事例等と比較することによって相対的に価値を評価する手法です。マーケット・アプローチの代表的な手法としては市場株価法、類似会社比準法、類似取引法といった方法があります。

ネットアセット・アプローチは、株式の評価手法として、主に評価対象会社の貸借対照表上の純資産に着目して評価する手法です。ネットアセット・アプローチの代表的な手法としては簿価純資産法、修正簿価純資産法といった方法があります。

次に各アプローチの特徴についてみていきたいと思います。

インカム・アプローチは、評価対象会社から将来生み出される利益等に着目し評価を行うため、対象会社への投資の結果として対象会社から生み出される将来の収益獲得能力を価値として反映させやすく、また、評価対象会社の独自の将来のキャッシュ・フロー等をもとに評価することから評価対象会社が有する資産等の個別性や、将来成長性などの固有の事情を反映させやすい評価手法であるといわれています。

マーケット・アプローチは第三者間や市場で取引されている株式等の価値に着目し、相対的に評価を行うため、市場での取引環境の反映や、一定の客観性には優れているといわれています。

ネットアセット・アプローチは、貸借対照表における純資産に着目して評価を行うため、適切な決算がなされ、資産や負債の内容が把握できる状態であれば、客観性に優れていることが多いといわれています。また、貸借対照表の純資産を基に評価するため、評価のロジックが比較的わかりやすく理解されやすいという特徴もあります。

各アプローチの一般的な特徴としては下表のようになります。

3つの評価アプローチの一般的な特徴

項　目	インカム・アプローチ	マーケット・アプローチ	ネットアセット・アプローチ
客観性	△	◎	◎
市場での取引環境の反映	○	◎	△
将来の収益獲得能力の反映	◎	○	△
固有の性質の反映	◎	△	○

◎：優れている　○：やや優れている　△：問題となるケースもある

（出所：日本公認会計士協会「企業価値評価ガイドライン」より）

企業価値評価を行うに当たっては、上記のように様々なアプローチが存在する中で唯一絶対の評価手法があるわけではありません。そのため、上述した各アプローチの特徴を念頭に、企業価値評価の目的や、評価対象会社の業種や事業環境等を総合的に勘案して、適切な評価アプローチを選定することになります。

また、必ずしも評価アプローチは単一のものを用いる必要もなく、複数のアプローチを併用して評価する場合や折衷法により評価する場合もあります。

さらに評価結果は、単一の価値を示すことが必ずしも求められるものではありません。実務的には、前提条件や評価指標に一定の幅を持たせることで、評価結果も一定のレンジを持たせて報告することが多いかと思います。

実例5 依頼者からの依頼に基づき実施した株式価値評価がM&A後に問題に

上場会社であるG社は、M&Aに当たって対象会社の株式価値評価を、ある会計事務所に依頼した。ただし、評価方法については純資産法での評価を行ってほしいということであった。

そこで、会計事務所は評価の前提としてG社からの依頼により純資産法による評価を行う旨を明記することで、株式価値評価書を提出した。

なお、対象会社は、自動車部品製造業であり、直近決算は赤字であるものの過年度の利益蓄積があり、多額の含み益のある工場用地を保有していることから、類似会社比準法やDCF法による評価よりも純資産法による評価の方が著しく高かった。

提出した株式価値評価書は、買収の意思決定を行う取締役会における参考資料として添付され、M&Aは実行された。

顛末としては

買収の成立後G社では、当該買収に関連して監査を受けることとなった。監査法人は、買収意思決定時の株式価値評価に関する監査を行い、株式価値評価に関する、前提条件等について多岐にわたる質問が行われた。

その中で、会社は監査法人から、純資産法を採用した理由が合理的に説明できず、評価方法として適切ではないのではないかとの意見を受け、再度DCF法や類似会社比準法による株式価値評価を実施すべきと指摘を受けることになった。

当初に株式価値評価を行った専門家に依頼することには監査法人より肯定的な意見が出なかったため、G社では、私にこれまでの経緯を説明した上で、DCF法及び類似会社比準法による評価の実施を依頼してきた。私は、当該業務を受嘱し、評価結果を提出したが、前提条件等を踏まえると買収価額を大きく下回る評価結果を出すことになった。

G社からすると、当初の株式価値評価に加え、追加での費用負担となってしまった。また、結果として評価結果が買収価額を大きく下回ることになり、G社の貸借対照表に計上されているのれんの減損処理について大きく問題となった。

また、今後の対象会社の業績次第では、純資産法における評価結果を基に投資意思決定を行った取締役の責任について問題となる可能性もある。

本件は、第三者評価として株式価値評価を行うことによる責任の重さを改めて痛感する実例であった。株式価値評価書の作成を依頼された場合には、それがどのように利用され、提出後にどのようなプロセスで会計処理に影響を及ぼすかといったことを予見し、あらかじめ依頼者に説明した上で、検討すべきであると考えられる。

5　中小企業のM&Aで実務上用いられている評価手法

中小企業庁が公表する中小M&Aガイドラインにおいては中小M&Aの譲渡額の算定方法として、(1)「簿価純資産法」、(2)「時価純資産法」又は（3)「類似会社比較法（マルチプル法)」といったバリュエーションの手法により算定した株式価値・事業価値を基に譲渡額を交渉するケースが多いとされています。

これらの評価手法は前述した3つのアプローチとは必ずしも整合的なものではありませんが、主に中小企業のM&A実務においては広く普及している方法です。中にはM&Aの株式価値の評価手法としての理論的な根拠が十分に説明できないことから、一般に専門的な第三者評価として株式価値評価を依頼された場合には、評価アプローチとしては採用しづらい方法であるといわれる手法もあります。

しかし、中小企業のM&A実務では広く利用され、根付いている方法でもあるため、M&A実務に携わる税理士としてはこのような手法についても理解をしておく必要があるでしょう。

以下、中小M&Aガイドラインにおいて紹介されている3つのアプローチについて概要を説明していきます。なお、本節ではできる限り中小M&Aガイドラインに沿って説明しているため、本書の他の説明と用語や表現の違いがあるものもあります。

(1) 簿価純資産法

簿価純資産法とは、貸借対照表の純資産が株式価値となる評価手法です。

この方法は、売り手をはじめとする関係者にとってイメージがしやすく、コストをかけずに株式価値を算定できるメリットがあります。

他方、帳簿価額（簿価）と時価が大幅に乖離している場合や簿外資産・負債がある場合等は、本来の株式価値を表していないこともあるため留意が必要です。

図表8　簿価純資産法のイメージ

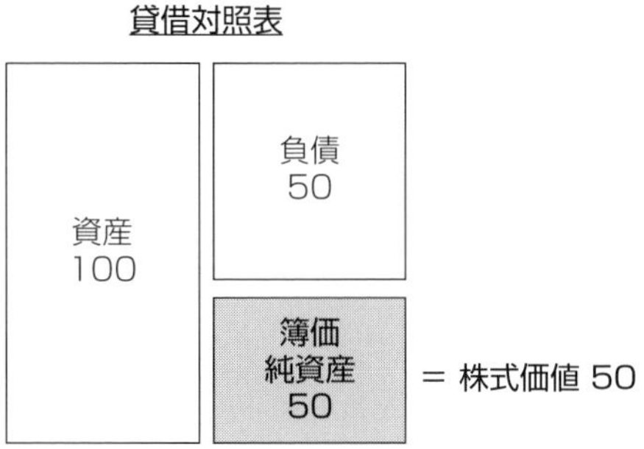

(2) 時価純資産法

時価純資産法とは、貸借対照表の資産・負債を時価評価（例えば、棚卸資産の場合、実在性や評価の妥当性等を検証して、時価評価を行う）し、また、貸借対照表に計上されていない簿外資産・負債（例えば、保険の解約返戻金や退職給付債務等）も時価評価して算定した純資産を株式価値とする評価手法です。

相続税法においても非上場株式の評価を純資産方式により行うことが原則とされているため、なじみがある方法ではないでしょうか。ただし、相続税法における評価が、財産評価基本通達で詳細に評価基準が定められているのと異なり、M&Aにおける時価純資産は実質判断となります。例えば以下のような観点で評価をします。

- 資産のうち時価があるものは評価替する（例：外貨預金、有価証券、土地、保険積立金等）
- 債権のうち回収可能性が低いものを評価損計上する（例：売掛金、貸付金等）

・簿外資産がある場合には計上する（保険金請求権、損害賠償請求権、全損計上されている保険等）
・未経過勘定の計上（例：前払費用、未払費用等）
・簿外負債の計上（例：未確定の訴訟債務、リース債務、未払労働債務等）

この方法は、買い手にとって対象企業（売り手）の実態を把握するためには有効な手法である一方、時価の算定等にコストや時間を要するケースがあります。

このため、中小M&Aにおいては、資産・負債の全てを時価評価するのではなく、株式価値の評価への影響が大きく、比較的時価が把握しやすい不動産や有価証券といった一部の資産・負債のみ時価評価する「修正簿価純資産法」を用いるケースも多くみられます。

図表９　時価純資産法のイメージ

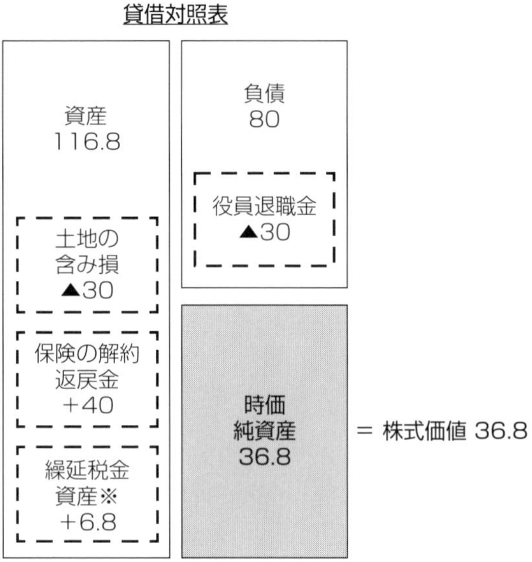

※実効税率を34%と仮定

また、時価純資産法の派生形として「年買（倍）法」や「仲介会社方式」等と呼ばれる方法が、主にM&A仲介会社を中心に用いられることにより普及しています。

この方法は、時価純資産法（又は簿価純資産法）により算定した純資産に、数年分の任意の利益（営業権（のれん））を加算した金額を譲渡額とする場合もあります。なお、加算対象とする利益の種類（税引後利益又は経常利益等）及び年数（通常1年～3年）は事例ごとに異なり、交渉によって決まるケースが多いです。

また、利益については「正常利益」が用いられることもあります。正常利益については、定義があるわけではありませんが、過去の決算数値等を基に推定した対象会社が、今後獲得できるであろうと考えられる正常な利益を指します。すなわち、過去の決算において発生していた臨時・異常な要因（臨時的な損失のほか、特需のような臨時的な収入も含みます）や、M&A後は発生しないような費用（例えば、過大な役員報酬やオーナー個人に紐づく経費等）を除外した利益を試算します。

年買（倍）法は、営業権を評価した時価純資産法の一種であると考えることもできますが、営業権の算定を「正常利益」×年数で算出することに理論的な根拠はありません。また、「一定年数」を何年とするかについても理論的根拠を見出しがたく、恣意性が混入しやすい要素となります。

図表10　時価純資産法に数年分の利益を加算する場合

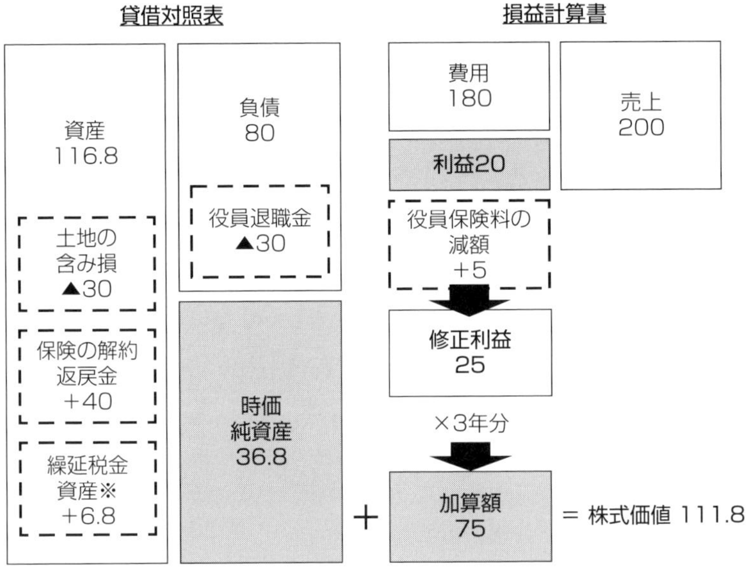

※実効税率を34%と仮定

(3) 類似会社比較法（マルチプル法）

類似会社比較法（マルチプル法）とは、対象会社（売り手）に類似した上場会社の企業価値（EV：エンタープライズバリューの略称）及び財務指標から算定した評価倍率（EV/財務指標）を基に、対象会社の株式価値を算定する手法です。評価倍率を算定するための指標として「EBIT」「EBITDA」「PER」等があるが、中小M&Aにおいては、EBITDA（イービットダーやイービットディーエーと呼ぶ）を用いた手法（EV/EBITDA倍率法）が多く用いられるため、以下ではこの手法について説明します。

EV/EBITDA倍率法とは、譲渡代金（譲受代金）をEBITDA（簡易的に「営業利益＋減価償却費」で算定をするケースが多く、「償却前利益」とも呼ばれる）の何年分で回収できるのかを、類似上場会社から算出し、対象会社の株式価値を算定する手法であり、具体的には以下の算式で算出します。

株式価値＝EBITDA×EV/EBITDA倍率－純有利子負債(有利子負債-現預金)

※中小企業は上場会社と比し、株式の流動性が低い点を考慮し、30％程度ディスカウント（非流動性ディスカウント）するケースもあります。

なお、EV/EBITDA倍率法は、上場会社に比準して、株式価値を算定することから比較的客観性の高い手法ですが、選定する上場会社等が適切か否かは注意する必要があります。

6　DCF法により株主価値を評価する

(1) 概要

インカム・アプローチによる評価の代表的な手法としてDCF法（ディスカウンテッド・キャッシュフロー法）があります。事業から生ずる将来のキャッシュ・フローを割引計算することで事業価値を算出し、事業価値に非事業性資産や有利子負債等を加減することで、企業価値、株主価値を算出します。

DCF法を理解するために重要な概念として「投資と回収」という考え方と「現在価値」という考え方があります。

DCF法の概念図

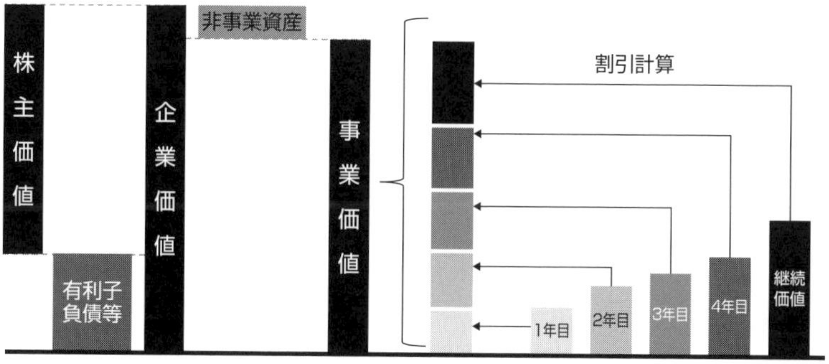

① 投資と回収

会社は、その事業を通じて利益を獲得することを目的として活動します。すなわち、会社はその資本を設備や人材等に投資し、その投資を通して将来の収益を獲得し、さらにその収益を投資に回すことでより多くの収益を獲得するといった一連の投資回収プロセスを行います。

会社に投資した資本家は、この一連のプロセスで獲得された収益を原資として配当という形や清算という形で最終的に投資を回収することになります。

投資と回収

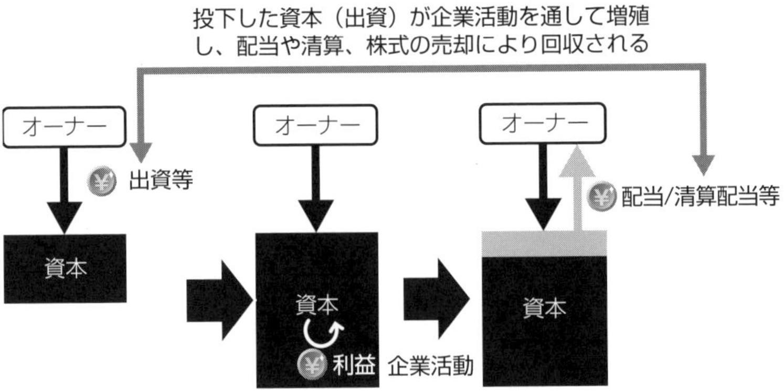

② 現在価値

現在の100万円と2年後の100万円の価値は同じでしょうか。ファイナンス理論の世界では、この価値は異なります。

今、ここに100万円があったとします。合理的な経済人であれば100万円をそのまま持つのではなく、運用することが有効であると考えます。もし、100万円を利回り5％の投資にまわしたとすると、2年後には110万円になるからです。

そのように考える人に、今100万円を受け取るか2年後に100万円を受け取るかの判断を迫った場合には、当然に今100万円を受け取ることを選択するでしょう。すなわち、現在の100万円（現在価値）と2年後の100万円（将来価値）は異なるということになります。

このように、現在の100万円を利回り5％で運用し、2年後には110万円になるという計算を「将来価値を試算する」と表現します。

逆に2年後に110万円もらえるという価値は現在のいくらと等価であるのでしょうか。これは先ほどの計算と同様に、利回り5％で運用すると仮定すると現在の100万円と等価であると考えられます。この時、現在の価値に置き換えるときに利用した利回り5%を割引率といい、将来の価値から現在の価値を算出することを「現在価値に割り引く」といいます。

現在価値と将来価値

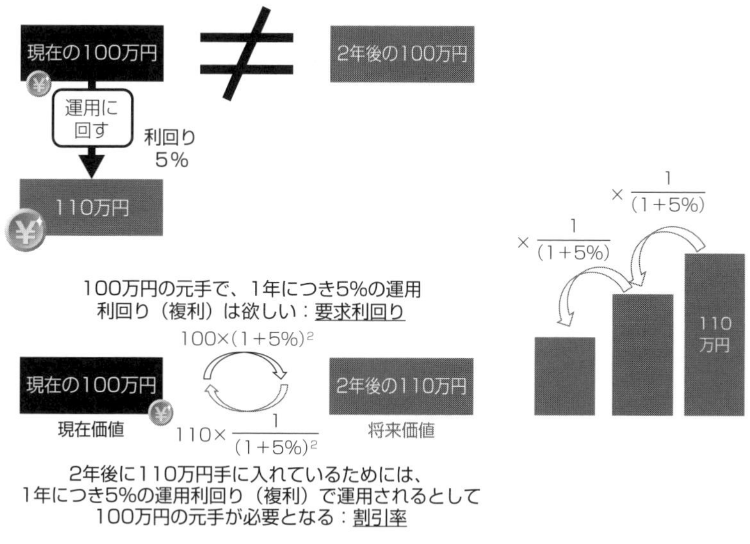

(2) STEP1 フリー・キャッシュ・フロー（FCF）を算出する

DCF法は将来のキャッシュ・フローを基に事業価値を算出します。そのため、DCF法により事業価値の評価を行う場合には、まず「将来の」「キャッシュ・フロー」に関する情報を収集する必要があります。

まず、「将来の」という要素を見ていきましょう。

DCF法では、事業から将来に生み出されるキャッシュ・フローを基に事業の価値を評価します。すなわち、その事業が将来にわたって、どの程度のキャッシュ・フローを生み出すかということが重要になります。

通常、将来のキャッシュ・フローは、評価対象となる会社の事業計画に基づき算出されます。評価対象会社が作成した事業計画を基に、買い手となる会社はその事業計画を評価した上で必要な修正をすることとなります。

次に「キャッシュ・フロー」という要素を見ていきましょう。

DCF法で用いられるキャッシュ・フローは「フリー・キャッシュ・フロー(FCF)」となります。FCFとは株主及び債権者に還元される原資となるキャッシュ・フローをいい、営業活動から得られたキャッシュ・フロー及び投資活動から得られたキャッシュ・フローを合算したものであるとされています。

なお、実務上FCFは以下の計算式により算出されることが多くあります。

> FCF＝
> 　　EBIT×(1－法定実効税率)＋減価償却費－設備投資±運転資本の増減
> EBIT(支払金利前税引前利益)＝
> 　　営業利益±事業用資産から生み出される営業外損益

それでは、なぜDCF法はFCFを基礎とするのでしょうか。

冒頭で説明したように、会社はその資本を投資し、そこから資本を回収するという一連のプロセスの中で活動しています。これは、会社が事業を行い得た利益（キャッシュ）から、再度事業投資に配分し、残存したキャッシュ・フローを原資に債権者や株主といった資本家に還元されるといった「投資と回収」という考え方に符合します。そのため事業価値の算出はFCFを基礎とするのです。

+α ポイント

事業計画の合理性

FCFの算出はDCF法による評価のカギを握っているというほど重要な情報です。そして、それを算出する基礎となる事業計画は重要な基礎情報となります。

DCF法は事業が永続的なキャッシュ・フローをもたらすことを前提として計算されます。このキャッシュ・フローは事業がもたらす正常的な収益力を基に計算されることになります。通常事業計画は、現在の経営者である売り手が現在の経営資源のもとで事業を継続した場合の計画となります。この事業計画は売り手により策定されたものであることから、買い手としては事業計画の合理性を検討することが重要となります。買い手の立場で、企業価値評価のために事業計画を入手した場合には以下のような観点から検討を進めていくとよいでしょう。

〈事業計画の前提は無理のないものであるか〉

事業計画は、作成された目的や背景、経営者の性格等によって様々です。目標予算として設定されるものもあれば、最低限の必達予算として策定されるものもあります。企業価値評価に当たって事業計画を入手した場合には、まずその事業計画がどのような意味合いで策定されたものであるかを確認することが必要となります。

事業計画が、到底達成しようもない夢物語が描かれているものであれば論外ですが、そうでなければ、その事業計画の達成可能性を評価する必要があります。

仮に、よほどの事象が発生しない限り達成すべきである必達予算として策定されていた場合には、それにより計算された株主価値は、買収価額のダウンサイド（下限）の価値を意味してきます。手堅い事業計画により算出された価値は、買い手にとってその価格で買収した場合には投資の失敗となる可能性が低いため、買い手としてはリスクの低い投資となります。一方、手堅い事業計画により算出された価値以上の買収価額となる場合でも、事業計画の上振れ等の可能性があるため、安易に評価結果だけをもって投資すべきではないと考えられます。

DCF法による評価結果は、事業計画の蓋然性（確からしさ）に依存するところが大きいため、事業計画の検討は、慎重に行っていく必要があります。

専門家として、対象会社の株主価値の評価を行う場合には、業務の依頼者（＝買い手）を通して対象会社の事業計画を入手し利用することになりますが、提供された情報を鵜呑みにするのではなく、専門家として独自に情報を検討・分析し、その合理性を確認することが重要となります。

株式価値評価業務を受嘱するに当たって締結される契約には、提供される情報の真実性・正確性・網羅性等について責任を負うものではない旨を定めることが多いですが、「企業価値評価ガイドライン」では、そのような場合であっても非常識・非現実的な情報を受け入れることがないように留意することとされています。過去に、非現実的な事業計画に基づく株式価値評価書が粉飾決算に利用された事例もあり、仮に契約上で免責される旨を合意していたとしても社会的風評により自身の信用が著しく失墜する事態にもなりかねないことには十分に留意すべきです。

〈事業計画の計画期間は適切か〉

DCF法による評価は、後述の通り一定期間の経過後は、その後の価値を継続価値として評価することになります。継続価値は、一定期間経過後の会社の事業、業績がその後も安定的であることを前提にして算出されます。そのため、本来的にはDCF法で用いられる事業計画は会社の事業や業績が安定するまでの期間における計画を意味します。したがって、売り手により提示された事業計画が、例えば翌年度の業績予測を意味するものでしかない場合には、その後の中期的な計画を検討し、それに基づき評価を行うこともありえます。

実務的には、著しく早いスピードで移り変わっていく昨今の事業環境の下で、長期の事業計画を利用されることは稀であり、３年から５年程度の期間が利用されていることが多いのではないでしょうか。

(3) STEP2 割引率を決定する

次に STEP1 で算出したFCFを現在価値に割り引くための割引率を決定します。この割引率の考え方にも様々なものがありますが、実務上は加重平均資本コスト（WACC：Weighted Average Cost of Capital）が用いられます。

これは、会社が事業に資本を投下し、投下した資本を活用することで事業からキャッシュ・フローを生み出すという考えの下、資本家が要求する期待収益率を意味します。すなわち、合理的な行動をする投資家であれば、一定の利回り以下であれば他の事業や資産に投資をするであろうという前提の下、投資家が会社に対して要求する期待利回りであるといえます。

会社の資本には、株主から拠出される自己資本と債権者から拠出される他人資本があるため、それぞれの資本の源泉ごとに要求収益率（資本コスト）は異なることになります。WACCは、株主が要求する収益率である株主資本コストと債権者の要求する収益率である負債コストを加重平均することによって算出されます。

加重平均資本コスト（WACC）の概念

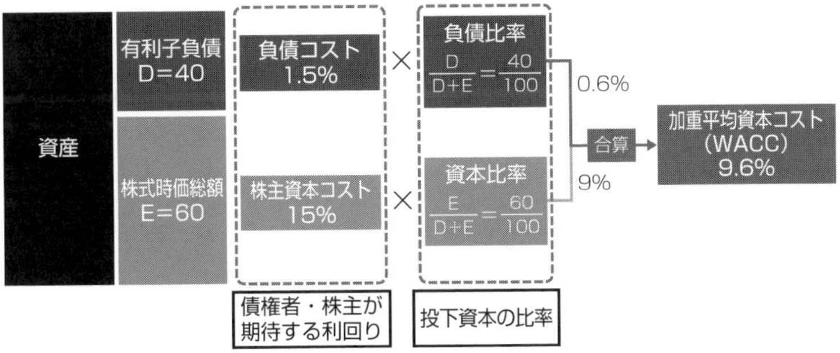

① 株主資本コスト

株主資本コストは、実務においては、資本資産評価モデル（CAPM：Capital Asset Pricing Model）を利用して推定する場合が多いです。

CAPM理論は、投資家が株式投資を行う上で、リスクに見合って国債等の安全資産から得られるリターンより超過するリターンを要求するという前提において成り立ちます。すなわち、投資する株式により、長期国債等の安全利子率（リスクフリーレート）を超えたリターンを求めることになります(このリスクフリーレート以上に投資家が要求するリターンをリスクプレミアムといいます)。

具体的には、まず、株式市場全体がリスクフリーレートに対してどの程度のプレミアムを要求しているのかを、過去の株式市場の統計データ等より試算します。この要求利回りからリスクフリーレートを控除したものが、株式市場が求める超過利回りを示しており、これをエクイティ・リスクプレミアムといいます。

次に、評価をしようとする株式が株式市場に対して相対的にどの程度変動するのかを試算することです。この株式市場全体の値動きに対して個別銘柄がどの程度変動するかという相対的な指標をβ（ベータ）といいます。完全に株式市場全体の値動きと連動する場合にはβは1となります。例えば、ある銘柄のβ値が2ということは、市場全体が10％上昇するとその銘柄は20％上昇し、逆に市場全体が10％下落するとその銘柄は20％下落することを意味します。また、ある銘柄のβ値が0.5ということは、市場全体が10％上昇するとその銘柄は5％上昇し、逆に市場全体が10％下落するとその銘柄は5％下落することを意味します。

市場が要求する超過利回りであるエクイティ・リスクプレミアムにβを乗ずることで個別銘柄の超過利回りを算出し、これにリスクフリーレートを足すことで、評価する株式に対する投資家の要求利回りである株主資本コストが算出されます。

実際には、CAPM理論で説明できないような情報も観測されています。例えば、同一業種の株式であっても、小規模な会社のほうが大規模な会社よりもより高い収益性が求められるという研究もあります。この会社が小さいほど求められる追加の収益率のことを「サイズリスクプレミアム」といい、昨今の企業価値評価実務の中ではCAPM理論に基づき算出された株主資本コストに加算をするということが行われています。

その他、CAPM理論では十分に捕捉できていない、倒産リスク等のリスクやプレミアムを株主資本コストに加算することがあります。

株主資本コストの仕組み

株主資本コスト（Ke） ＝ リスクをほとんど負うことなく獲得できる期待利回り ＋ 対象会社に投資するリスクを負うにあたり求められる追加の利回り

＝ 長期国債等の利回り ＋ ｛長期国債等の利回りを超えて株式市場に求められる超過利回り × 対象会社のリスクと株式市場全体のリスクとの相関を表す係数｝

＝ リスクフリーレート（rf） ＋ ｛エクイティ・リスクプレミアム（rm−rf） × ベータ値（β）｝

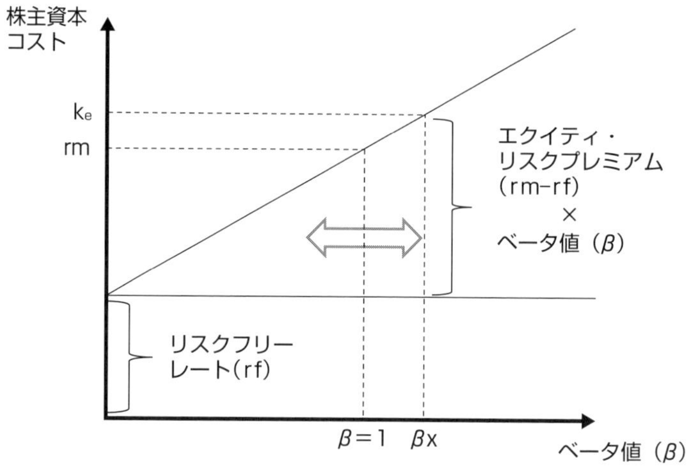

②　負債コスト

負債コストは、評価する対象となる会社が借入等により有利子負債を調達するために必要なコストをいいます。負債コストの算出には、理論的にはいくつかの方法がありますが、実務的には類似会社が発行する長期社債の利回りから推定する方法や，評価対象会社の直近の借入金の利子率や、財務諸表数値から推計することが多いようです。

ただし、負債コストである支払利息は税務上損金算入され、節税効果を有します。そのため負債コスト試算に当たっては以下のような計算式で節税効果も考慮した負債コストを算出します。

負債コスト×（1−実効税率）

③　加重平均資本コスト（WACC）

上記で算出された株主資本コストに資本比率を乗じたもの、節税効果考慮後の負債コストに負債比率を乗じたものを足すことで加重平均資本コスト

（WACC）を導出します。

$$\text{加重平均資本コスト（WACC）} = \left\{ \text{負債コスト} \times (1-\text{実効税率}) \times \underbrace{\frac{\text{負債の時価}}{(\text{負債の時価}+\text{株式の時価})}}_{\text{負債比率}} \right\} + \left\{ \text{株主資本コスト} \times \underbrace{\frac{\text{株式の時価}}{(\text{負債の時価}+\text{株式の時価})}}_{\text{資本比率}} \right\}$$

(4) STEP3 継続価値（TV）を算出する

企業価値評価は、会社の事業が将来にわたって永続として存続していくという前提のもと成り立っています。STEP1 において、事業計画を基に一定期間において事業が生み出すキャッシュ・フローを算出しました。継続企業の前提のもとでは、事業計画により予測される一定期間経過後においても引き続き会社は存続していくため、事業計画終了後の価値も考慮することが必要になります。DCF法ではこれを「継続価値（TV：ターミナルバリュー）」とし、事業計画終了時点における事業の価値を、予測期間最終事業年度の翌期以降に生ずるFCFをベースに算出することで評価に織り込みます。この継続価値の算出は日本においては「永久成長率モデル」という方法が一般的に用いられているようですが、「永久成長率モデル」以外にも「倍率法（マルチプルモデル）」等様々な方法が存在します。

「永久成長率モデル」は、予測期間の最終年度に生ずると予想されるFCFをその後も永続的に一定の割合で成長する前提の下に、永続するFCFを予測期間の最終年度末の現在価値に割り引くことによって計算されます。

具体的な計算式は無限等比数列の和の公式を利用して計算されますが、結論としては以下のような計算式で算出されます。

$$\text{継続価値} = \text{継続するFCF} \times \frac{1+\text{継続成長率}}{\text{割引率}-\text{継続成長率}}$$

継続価値（TV）計算の概念図

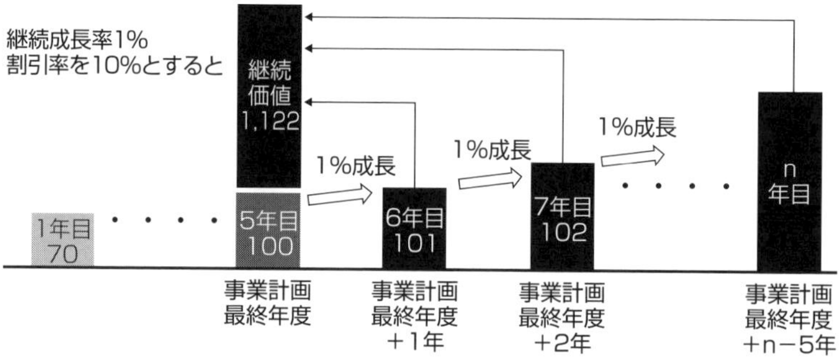

+α ポイント

DCF法における継続価値（TV）の重要性

DCF法は将来永続すると想定されるキャッシュ・フローを基に現在の事業価値を算出する方法ですが、事業計画は一般的に3年から5年程度の期間で見積もられます。将来のキャッシュ・フローが事業価値に及ぼす影響は割引計算されることから将来に行けば行くほど現在価値は小さくなっていきますが、相対的に事業価値に占める継続価値の割合は大きくなっていきます。割引率の水準にもよりますが、場合によっては計算された事業価値の7割〜8割が継続価値から算出された価値となることもあります。

このように、DCF法において継続価値（TV）は重要な要素であるため、予測事業年度のキャッシュ・フロー等その計算要素については慎重に検討することが重要となります。

(5) STEP4 FCF及びTVを割引計算することで事業価値を算出する

ここまで計算したら、いよいよ事業価値を算出することになります。STEP1 で算出したFCF、STEP3 で算出したTVを STEP2 で計算した割引率で割引計算することで、評価対象会社の事業価値を計算していきます。計算方法は以下のような計算式になります。

事業価値

$$= \frac{FCF_1}{(1+WACC)} + \frac{FCF_2}{(1+WACC)^2} + \frac{FCF_3}{(1+WACC)^3} \cdots \frac{FCFn}{(1+WACC)^n} + \frac{TV}{(1+WACC)^n}$$

割引計算による事業価値の算出

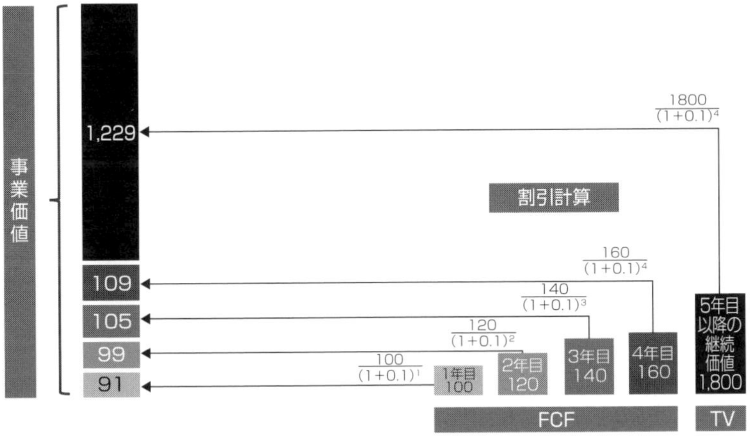

(6) STEP5 企業価値及び株主価値を算出する

① 概要

DCF法における株主価値評価の最後のSTEPでは、STEP4 で算出された事業価値を基に株主価値を算出していきます。前述のように、会社の事業から生まれる将来のFCFやTVを現在価値に割り引いたものが現在の事業の価値と考えます。しかし、会社は必ずしも事業に必要な資産だけを保有しているとは限りません。そのため、事業価値に事業とは直接関連しない非事業性資産を加算することで、会社全体の価値である「企業価値」を算出します。

企業の資本は、株主から拠出された株主資本と、債権者から拠出された他人資本があるため、「企業価値」から他人資本である有利子負債等を控除して「株主価値」を算出します。「株主価値」を評価対象会社の発行済株式総数（自己株式控除後）で割ることで、1株当たりの株価が計算されます。

このようなプロセスを経て、評価したい会社の株価が算出されるのです。

②　株主価値を算出するための「非事業性資産」

「非事業性資産」とは、事業に投下されていない資産を意味します。すなわち、会社の事業収益を生まないが、会社が保有している資産のことです。「非事業性資産」の代表的なものは、以下に掲げるものがあります。また、企業価値を算出する際には、「非事業性資産」の時価を適切に評価することも重要です。

〈余剰資金〉

評価対象の会社が保有している現金及び預金のうち運転資金として投下されている現金及び預金は事業用資産であると判断できますが、必要運転資金を超過して保有している事業活動に直接関係のない現金及び預金については余剰資金として非事業性資産と考えることがあります。

〈遊休不動産〉

遊休不動産は現在、事業活動に投下されていない資産であるため、通常そこから将来の事業収益を生むことはありません。したがって、遊休不動産について非事業性資産と考えることがあります。

〈保険積立金〉

非上場会社では、税制上のメリットを得るため、生命保険等に加入し、会社が保険料を負担することがあります。この会計処理としては税法基準により、半損処理、全損処理等様々です。このような生命保険等について、基準日時点における解約返戻金相当を時価とみなし、保険積立金の時価評価額を非事業性資産と考えることがあります。

なお、保険契約と同様に中小企業倒産防止共済制度に基づく掛金累計相当額は、一定期間経過後、全額返金されるため一定期間経過後の掛金累計相当額も、時価評価額を非事業性資産と考えることがあります。

〈事業関連性のない有価証券投資、ゴルフ会員権、リゾート会員権等の投資〉

会社は、余剰資金を現金として持つのではなく、投機目的や資産形成目的で運用に回すことがあります。このような資産は通常FCFの獲得には貢献していないと整理されるため、時価評価額を非事業性資産と考えることとなります。

③　株主価値を算出するための「有利子負債等」

企業価値評価でいうところの「有利子負債等」とは、純粋な有利子負債及び有利子負債類似項目（デット・ライク・アイテム）を言います。

株主価値は、企業価値から有利子負債等を直接差し引くことにより算出されるため、有利子負債等に何を含めるかにより株価は直接的に影響を受けます。

有利子負債については金融機関等からの融資やリース債務等のように比較的理解しやすいものが多いですが、有利子負債類似項目については、専門家や案件、買い手や売り手の立場等により判断が分かれる場合があります。例を挙げると下記のようなものがあります。

〈退職給付債務〉

退職金制度がある会社において、退職給付債務から年金資産を控除した額やM&Aにより追加的に発生すると予測される退職金等を有利子負債類似項目として企業価値から控除する場合があります。

〈非支配株主持分〉

非支配株主持分は、評価対象会社の連結純資産のうち、親会社株主に帰属しない価値をいいます。例えば、子会社の株主に親会社又は資本関係のある会社以外の株主がいる場合には、子会社の純資産のうち親会社等の持分以外の部分は親会社には帰属しないこととなりますので、企業価値から控除することになります。

〈保証債務〉

会社が何らかの保証を行うことにより、将来的に保証債務が実行されることで何らかの負担が求められることがあります。保証債務については、その発生可能性について十分な検討が必要ですが、有利子負債類似項目として企業価値から控除する場合があります。

〈訴訟に伴う偶発債務〉

会社が訴訟事件の被告となっていた場合に、将来的に何らかの賠償義務を負うことがあります。訴訟に伴う偶発債務については、その発生可能性について十分な検討が必要ですが、有利子負債類似項目として企業価値から控除する場合があります。

〈リストラ費用〉

M&Aとの関連性を問わず、将来に一定の費用をかけ、リストラが予定されている場合には、そのリストラに関する費用を企業価値から控除することになります。

④　DCF法におけるプレミアムとディスカウント

非上場会社株式は、上場会社株式と異なり、M&Aに関連して相手先の探索や交渉に時間や手間がかかり、売買手続にも手数料等のコストが発生します。また、上場会社のように客観的な市場価格がないため、株式の流動性はありません。このような状況を踏まえ、企業価値評価の実務では、一般に算出した株主価値に「非流動性ディスカウント」と称した一定の価値の割引を行います。その水準についても様々な見解がありますが、概ね25%～40%程度の範囲内でディスカウントされることが多いかと思います。

また、DCF法は将来の事業計画に基づく収益性や、非事業性資産に対する処分権があることを前提として価値評価を行う手法であるため、一定の経営権を有している者にとっての価値ということができます。したがって、対象となる会社の株式の数%のみを取得する場合のように一定の支配権を獲得できない場合には、支配権を取得できる場合と比較して一定のディスカウントをするという考えがあります。これを「マイノリティディスカウント」といいます。

(7) DCF法による評価の設例

① 前提条件

X社は、電子部品の製造販売を行う事業会社です。直近2023年3月期の財政状態や経営成績、将来の事業計画の推移は以下の通りとなっています。

[貸借対照表]

(単位：千円)			
現預金　※1	40,000	買掛金	7,000
売掛金	12,000	未払金	2,000
棚卸資産	10,000	その他流動負債	1,000
その他流動資産	3,000	長期借入金	45,000
建物	10,000	その他固定負債	1,500
土地	50,000		
保険積立金　※2	6,000	純資産	84,750
投資有価証券　※3	5,250		
その他固定資産	5,000		
資産合計	141,250	負債純資産合計	141,250

[損益計算書]

(単位：千円)	
売上高	100,000
売上原価	57,000
売上総利益	43,000
販管費	10,000
（内、減価償却費）	5,000
営業利益	33,000
雑収入	2,000
経常利益	35,000

[事業計画]

(単位：千円)	24/3期	25/3期	26/3期	27/3期	28/3期
売上高	105,000	110,000	120,000	135,000	155,000
売上原価	59,000	61,000	65,500	73,000	84,000
売上総利益	46,000	49,000	54,500	62,000	71,000
販管費	10,000	11,000	11,500	13,000	13,000
（内、減価償却費）	5,000	5,000	5,500	6,100	6,100
営業利益	36,000	38,000	43,000	49,000	58,000
雑収入	2,000	2,000	3,000	3,000	3,000
経常利益	38,000	40,000	46,000	52,000	61,000

※1　現預金の内30,000千円は余剰資金である。

※2　保険積立金は事業に直接必要な保険ではなく、役員の退職金等に充てるために外部で運用しているものである。

※3　投資有価証券は余資運用目的で保有しているものである。

② STEP1 一定期間のフリー・キャッシュ・フロー（FCF）の算出

X社の事業計画より、経常的に発生する営業外収益や減価償却費、設備投資計画、運転資本の増減、繰越欠損金による法人税等の軽減効果を調整して以下の通りFCFを算出しました。

（単位：千円）		計画				
		24/3期	25/3期	26/3期	27/3期	28/3期
売上高		105,000	110,000	120,000	135,000	155,000
成長率		5.0%	4.8%	9.1%	12.5%	14.8%
営業利益		36,000	38,000	43,000	49,000	58,000
営業利益率		34.3%	34.5%	35.8%	36.3%	37.4%
調整						
1. 雑収入（営業収益項目）		2,000	2,000	3,000	3,000	3,000
調整後営業利益		38,000	40,000	46,000	52,000	61,000
繰越欠損金		−3,000	—	—	—	—
法人税等（繰欠考慮後）	33.6%	11,754	13.433	15,448	17,463	20,486
NOPAT		26,246	26,567	30,552	34,537	40,514
（+）減価償却費		5,000	5,000	5,500	6,100	6,100
（−）設備投資		—	10,000	15,000	—	—
（−）運転資本の増減		4,200	4,400	4,800	5,400	6,200
FCF		27,046	17,167	16,252	35,237	40,414

③ STEP2 割引率の決定

統計データや類似企業の財務情報等を参考にX社の加重平均資本コスト（WACC）を算出した結果は以下の通り9.63％と試算しました。（詳細な条件については下表の備考参照）

項目		中央値	備考
負債コスト	負債利子率（Rl）	2.26%	負債利子率の主な算出方法として、①類似会社が発行する長期社債の利回りから推定する方法②評価対象会社の過去の借入実績から推定する方法がある。
	実効税率（t）	33.58%	評価対象会社の資本金等の額や所在地等に応じて計算する。
	負債コスト（kl）	1.50%	=Rl*(1-t)
株主資本コスト	リスクフリーレート（Rf）	0.39%	新規発行10年もの国債利回り等、安全性の高い債券の利回りを用いる。
	市場リスクプレミアム（MRP）	6.20%	株式市場全体のリターンから無リスク資産のリターンを差し引きことによって算出される。実務上は外部情報提供機関が提供する日本市場の長期のプレミアムを参考に推計する。
	リレバードベータ（βL）	0.80	株式市場全体の値動きに対して個別銘柄がどの程度変動するかという相対的な指標をβ（ベータ）という。実務上は類似会社のアンレバードベータを基に、対象会社のリレバードベータを推計する。
	サイズリスクプレミアム（SRP）	9.70%	CAPM理論において十分に捕捉できていない要素を考慮する場合がある。様々な要素がある中で、本稿においてはサイズリスクプレミアム（小規模な会社のほうが大規模な会社よりもより高い収益性が求められることによるプレミアム）を一例として示している。実務上は外部情報提供機関が提供するサイズ・プレミアムを参考に推計する。
	株主資本コスト（ke）	15.05%	=Rf+βL*MRP+SRP
資本構成	負債比率（D/(D+E)）	40.00%	類似会社の資本構成の比率により決定
	資本比率（E/(D+E)）	60.00%	類似会社の資本構成の比率により決定
WACC（小数点以下3位を切り捨て）		**9.63%**	=kl*D/(D+E)+ke*E/(D+E)

④ STEP3 継続価値（TV）の算出

事業計画終了時点における継続価値（TV）については、「永久成長率モデル」により評価することとしました。具体的には、下表の通り予測期間最終事業年度の翌期以降に生ずるFCFを試算し、継続価値（TV）を算出しました。

（単位：千円）		計画 28/3期	計期間後画 29/3期以降
売上高		155,000	155,000
成長率		14.8%	0.0%
営業利益		58,000	58,000
営業利益率		37.4%	37.4%
調整			
1. 雑収入（営業収益項目）		3,000	3,000
調整後営業利益		61,000	61,000
繰越欠損金		—	—
法人税等（繰欠考慮後）	33.6%	20,486	20,486
NOPAT		40,514	40,514
（+）減価償却費		6,100	6,100
（−）設備投資		—	—
（−）運転資本の増減		6,200	—
FCF		40,414	46,614
		TV	484,054

× 1＋継続成長率（0%） / 割引率（9.63%） − 継続成長率（0%）

※TVは継続成長率を0%、割引率を前述の③で決定した9.63%として算出している。

⑤ STEP4 事業価値の算出

STEP1 及び STEP3 で算出したFCF及びTVを STEP2 で算出した割引率を基に下表の通り現在価値に割引計算を行いました。その結果、評価対象会社の事業価値は411,629千円と試算されました。

（単位：千円）			基準日 23/3末	計画 24/3期	25/3期	26/3期	27/3期	28/3期	計画期間後 29/3期以降	
FCF				27,046	17,167	16,252	35,237	40,414	46,614	
継続価値（TV）	成長率（g）	0.00%							484,054	=FCF/(k-g)
割引期間	割引期間（期央）（y）			0.500	1.500	2.500	3.500	4.500	5.000	
割引係数（df）	WACC（k）	9.63%		0.9551	0.8712	0.7947	0.7248	0.6612	0.6315	=1/(1+k)^y
事業価値			411,629	25,831	14,955	12,915	25,541	26,721	305,666	=FCF(or TV)*df

⑥ STEP5 企業価値及び株主価値の算出

STEP4で算出した事業価値に非事業性資産（余剰資金、保険積立金、投資有価証券）を加算することで企業価値を算出し、有利子負債を控除することで株主価値を下表の通り算出します。その結果、評価対象会社の株主価値は396,629千円と試算されました。

（単位：千円）		基準日 23/3末	
事業価値	①	411,629	
（＋）非事業性資産	②	30,000	
企業価値	③＝①＋②	441,629	
（－）有利子負債	④	45,000	
株主価値	⑤＝③－④	396,629	
発行済み株式総数	⑥	50,000	株
1株当たり株式価値	⑦＝⑤/⑥	7,933	円/株

7 類似会社比準法により株主価値を評価する

(1) 概要

マーケット・アプローチによる評価の代表的な手法として、類似会社比準法（倍率法またはマルチプル法とも呼ばれる）があります。類似会社比準法は評価対象会社と事業内容や規模等が類似する会社の株価を基に各種指標に対する倍率を算定し、倍率を基に評価対象会社の株主価値、事業価値、企業価値を算出する方法です。

私たち税理士にとっては、相続税法における財産評価のうち、取引相場のない株式の評価の際に用いられる「類似業種比準方式」がなじみ深いと思います。

「類似業種比準方式」は、主に以下の点で異なりますが、基本的な考え方は「類似会社比準法」と似ているものであるといえます。

・比較対象が特定の「会社」ではなく、「業種」となる点

・比較する対象となる指標を評価者が独自に決定することはできず、あらかじめ定められている指標（利益・配当・純資産）による必要がある点

・算定する株価にはレンジを設けることができず、単一の株価が算定される点

類似会社比準法の概念図

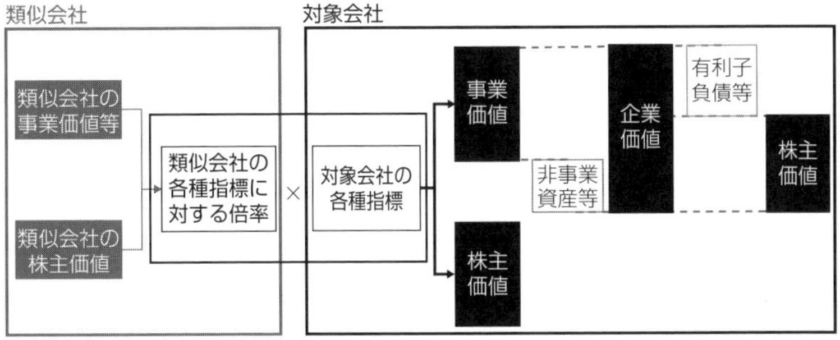

(2) STEP1 類似会社を選定する

類似会社比準法における最初のSTEPは、評価をしようとする対象会社と規模や事業等が類似する上場会社を選定することです。この類似会社の選定によって、最終的に算出される株価が変わってきますので、慎重に選択する必要があります。

また、選定する会社は、会社固有の事情による株価への影響を排除するため、通常は1社だけでなく複数選定することが多いかと思います。選定する会社数については、特段決まった数はありませんが、類似性の高い会社があれば選定する会社は少数でよいと考えられ、反対に類似性が低い会社しか見つからない場合は、より多くの会社を選定する必要があるとされています。

さらに、新興産業やベンチャービジネスの企業価値評価を行うに当たって

は、類似会社がない場合も起こり得ます。評価する専門家としては、選定する類似会社に納得感がない場合には、無理矢理に類似会社を抽出すべきではなく、評価方法としての類似会社比準法自体の採用の可否に立ち返り検討すべきであると考えられます。

企業価値評価ガイドラインでは、下記のように類似会社を選定する上で判断する要素を例示しています。

【企業価値評価ガイドラインに示される類似上場会社選定の判断要素例】

a）業界
同じ業界団体あるいは同種類の産業分野に属しているかどうか。

b）取扱商品、サービス
商品製品やサービスが同種のものあるいは競合するものであるかどうか。

c）営業などの許認可関係
事業を行うために同種の許認可などが必要かどうか。

d）事業規模
売上高や総資産・従業員数などにおいて事業規模が同程度であるかどうか。

e）成長性、新規性又は成熟度
新規ビジネス分野あるいは新規製品を取り扱い、高い成長性が見込める業種かどうか、あるいは、既に成熟産業の分野となっているかどうか。

f）収益性
収益性において同程度の会社かどうか。

g）地域性
地域色の強い会社の場合、同地域の経済環境にある会社かどうか。

h）事業戦略
M&Aを多用するなど事業拡大戦略などが似通っているかどうか。

私が実際に類似会社の選定を行う際には、以下のような手続により、類似会社を選定することが多いです。重要であるのは、評価結果が恣意的にならないように、客観的で検証可能な方法で論理的に類似会社を絞り込んでいき、選定したことを説明できるようにすることであると考えます。

・EDINET、四季報、証券会社の発行するアナリストレポート、情報ベンダーが提供する企業データベースを参考に対象会社が属する業界を特定し、そこに分類される上場会社をピックアップする。
・ピックアップされた上場会社のうち、対象会社の事業内容や財務数値を基に事業内容・事業規模・収益性が類似する会社を絞り込む。
・その他、サービス・成長性・地域性・事業戦略等を勘案して、対象会社と類似性が低いと判断される会社を除外し、類似会社を選定する。

(3) STEP2 類似会社の「企業価値」・「事業価値」・「株主価値」を算出する

選定した類似会社については基本的には上場会社ですので、日々の株価が存在します。そのため市場における株価に株式数を乗ずることで、株式時価総額（＝「株主価値」）が算出されます。

こうして計算された株主価値に、有利子負債等や非事業性資産等を加味することで、選定した類似会社の「事業価値」や「企業価値」を計算します。

なお、株価については、評価基準日の終値のみを利用すると、評価対象会社や、その日の株式市場の固有の事情により価値が変動してしまうため、数か月間の平均株価や直近数か月の月末の終値の平均とすることもあります。また、株式数は、通常は発行済株式総数から自己株式数を控除して計算します。

類似会社の価値の計算

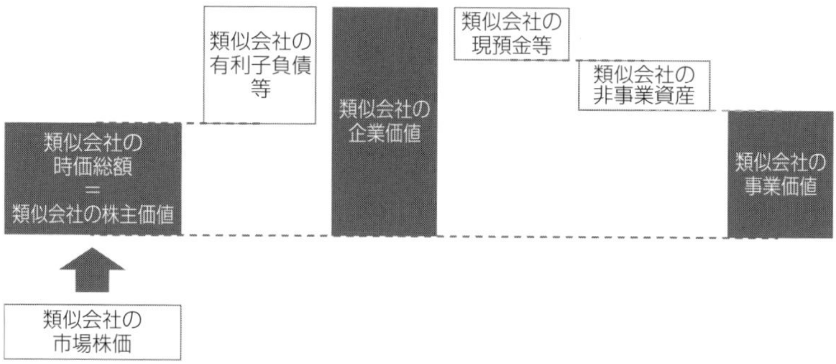

(4) STEP3 類似会社の各種指標に対する倍率を算出する

STEP2 で、算出した株主価値・事業価値・企業価値を基に、評価対象会社の株主価値を算出できるように、各種倍率に係る指標を算定します。

採用される各種倍率に係る指標として代表的なものとしては、以下のようなものがあります。

① PER

株式時価総額／税引後当期純利益

② PBR

株式時価総額／純資産額

③ EBIT倍率

「企業価値 or 事業価値」÷EBIT

※EBITとは「Earnings Before Interest and Taxes」（税引前利払前利益）の略であり、税引前当期純利益に支払利息を加え、受取利息を差し引いて求めます。

④　EBITDA倍率

「企業価値 or 事業価値」÷EBITDA

※EBITDAとは、「Earnings Before Interest Taxes Depreciation and Amortization」（税引前利払前償却前利益）の略であり、EBITに減価償却費を加えて求めます。

⑤　売上高倍率

「企業価値 or 事業価値」÷売上高

私が、実際に類似会社比準法により企業価値評価を行う場合にはこれらの指標の全てを利用するのではなく、評価をしようとする対象会社の事業内容や状況等を踏まえ、いくつかの指標を選定して評価を行います。この過程でも重要であるのは、論理的になぜその指標により評価するのかを対外的に説明できるようにすることであると考えます。

類似会社の各種指標に対する倍率の算出例

会社名	①時価総額（自己株式調整後）	②有利子負債	③非支配株主持分	④企業価値 ①+②+③	⑤現預金及び同等物	⑥事業価値 ④+⑤
	直近	直近	直近	直近	直近	直近
A社	200,000	8,000	50	208,050	2,000	206,050
B社	100,000	3,000	2,500	105,500	70,000	35,500
C社	60,000	9,000	20	69,020	40,000	29,020
D社	20,000	20,000	40	40,040	14,000	26,040
E社	20,000	2,000	300	22,300	7,000	15,300
F社	10,000	500	40	10,540	10,000	540

会社名	⑦営業利益（EBIT）		⑧EBIT倍率 ⑥／⑦		⑨減価償却費（のれん償却含む）		⑩EBITDA ⑦+⑨		⑪EBITDA倍率 ⑥／⑩		⑫親会社株主に帰属する当期純利益		PER ①／⑫	
	直近	予測	直近	予測	直近	予測	直近	予測	直近	予測	直近	予測	直近	予測
A社	20,000	18,000	10.30	11.45	5,000	6,000	25,000	24,000	8.24	8.59	10,000	11,000	20.00	18.18
B社	9,000	10,000	3.94	3.55	3,500	3,000	12,500	13,000	2.84	2.73	6,000	7,000	16.67	14.29
C社	5,000	3,000	5.80	9.67	2,500	2,400	7,500	5,400	3.87	5.37	3,000	5,000	20.00	12.00
D社	4,000	3,500	6.51	7.44	3,500	4,000	7,500	7,500	3.47	3.47	2,000	3,000	10.00	6.67
E社	1,500	1,800	10.20	8.50	500	800	2,000	2,600	7.65	5.88	1,000	1,500	20.00	13.33
F社	400	200	1.35	2.70	500	400	900	600	0.60	0.90	500	1,000	20.00	10.00
		中央値	6.16	7.97				中央値	3.67	4.42		中央値	20.00	12.67
		平均値	6.35	7.22				平均値	4.45	4.49		平均値	17.78	12.41

(5) STEP4 各種倍率から評価対象会社事業価値や株主価値等を算出する

① 概要

類似会社比準法における株主価値評価の最後のSTEPでは、STEP3 で算出された各種倍率に対して対象会社の指標を乗ずることで対象会社の「企業価値」・「事業価値」・「株主価値」を算出します。

事業価値に対する倍率である場合には対象会社の指標を乗ずることで事業価値が算出されるため、そこから非事業性資産や有利子負債等を加減することで株主価値を算出します。

② 類似会社比準法におけるプレミアムとディスカウント

DCF法と同様に類似会社比準法においても、企業価値評価の実務では、一般に算出した株主価値に「非流動性ディスカウント」を加味します。

また、類似会社比準法は株式市場で形成されている株価を基礎としています。市場で形成される株価は通常は多数の株主の取引価格により形成され、会社支配権を有するような大株主が頻繁に株式を売買することはないことから、会社支配権の移動を伴う価値は株価には含まれていないものと考えられます。そのため、会社支配権の獲得を目的としたM&Aの場合には類似会社比準法で算出した株主価値に一定のプレミアムを加味することがあります。これを「支配権（コントロール）プレミアム」といいます。

(6) 類似会社比準法による評価の設例

① 前提条件

X社は、電子部品の製造販売を行う事業会社です。直近2023年3月期の財政状態や経営成績、将来の事業計画の推移は以下の通りとなっています。

[貸借対照表]

(単位：千円)			
現預金　※1	40,000	買掛金	7,000
売掛金	12,000	未払金	2,000
棚卸資産	10,000	その他流動負債	1,000
その他流動資産	3,000	長期借入金	45,000
建物	10,000	その他固定負債	1,500
土地	50,000		
保険積立金　※2	6,000	純資産	84,750
投資有価証券　※3	5,250		
その他固定資産	5,000		
資産合計	141,250	負債純資産合計	141,250

[損益計算書]

(単位：千円)	
売上高	100,000
売上原価	57,000
売上総利益	43,000
販管費	10,000
（内、減価償却費）	5,000
営業利益	33,000
雑収入	2,000
経常利益	35,000

[事業計画]

(単位：千円)	24/3期	25/3期	26/3期	27/3期	28/3期
売上高	105,000	110,000	120,000	135,000	155,000
売上原価	59,000	61,000	65,500	73,000	84,000
売上総利益	46,000	49,000	54,500	62,000	71,000
販管費	10,000	11,000	11,500	13,000	13,000
（内、減価償却費）	5,000	5,000	5,500	6,100	6,100
営業利益	36,000	38,000	43,000	49,000	58,000
雑収入	2,000	2,000	3,000	3,000	3,000
経常利益	38,000	40,000	46,000	52,000	61,000

※1　現預金の内30,000千円は余剰資金である。
※2　保険積立金は事業に直接必要な保険ではなく、役員の退職金等に充てるために外部で運用しているものである。
※3　投資有価証券は余資運用目的で保有しているものである。

② STEP1 類似会社の選定、STEP2 類似会社の各種価値の算出

外部の情報プラットフォームより得られた情報等を基に、X社の類似会社を事業内容や会社規模等を基にA社からF社までの6社を選定しました。

また、選定した類似会社が公表する有価証券報告書等の情報からこれらの類似会社の「企業価値」「事業価値」「株主価値」を以下の通り算出しました。

会社名	①時価総額（自己株式調整後）	②有利子負債	③非支配株主持分	④企業価値 ①+②+③	⑤現預金及び同等物	⑥事業価値 ④+⑤
	直近	直近	直近	直近	直近	直近
A社	200,000	8,000	50	208,050	2,000	206,050
B社	100,000	3,000	2,500	105,500	70,000	35,500
C社	60,000	9,000	20	69,020	40,000	29,020
D社	20,000	20,000	40	40,040	14,000	26,040
E社	20,000	2,000	300	22,300	7,000	15,300
F社	10,000	500	40	10,540	10,000	540

③ STEP3 類似会社の各種指標に対する倍率を算出

本設例では、X社の類似会社比準法による株主価値算定において、用いる指標としては営業利益（EBIT）倍率、EBITDA倍率、PERが適切であると判断しました。

下表においては、選定したX社の類似会社の直近決算の実績及び業績予測に基づき、EBIT倍率、EBITDA倍率およびPERを算出しています。

なお、株主価値算定に用いる倍率としては類似会社の平均値を用いる方法と中央値を用いる方法がありますが、本設例においては異常値を排除するという趣旨で中央値を採用することとしました。

会社名	⑦営業利益（EBIT）		⑧EBIT倍率 ⑥／⑦		⑨減価償却費（のれん償却含む）	
	直近	予測	直近	予測	直近	予測
A社	20,000	18,000	10.30	11.45	5,000	6,000
B社	9,000	10,000	3.94	3.55	3,500	3,000
C社	5,000	3,000	5.80	9.67	2,500	2,400
D社	4,000	3,500	6.51	7.44	3,500	4,000
E社	1,500	1,800	10.20	8.50	500	800
F社	400	200	1.35	2.70	500	400
		中央値	**6.16**	**7.97**		
		平均値	6.35	7.22		

会社名	⑩EBITDA ⑦+⑨		⑪EBITDA倍率 ⑥／⑩		⑫親会社株主に帰属する当期純利益		PER ①／⑫	
	直近	予測	直近	予測	直近	予測	直近	予測
A社	25,000	24,000	8.24	8.59	10,000	11,000	20.00	18.18
B社	12,500	13,000	2.84	2.73	6,000	7,000	16.67	14.29
C社	7,500	5,400	3.87	5.37	3,000	5,000	20.00	12.00
D社	7,500	7,500	3.47	3.47	2,000	3,000	10.00	6.67
E社	2,000	2,600	7.65	5.88	1,000	1,500	20.00	13.33
F社	900	600	0.60	0.90	500	1,000	20.00	10.00
		中央値	**3.67**	**4.42**		中央値	**20.00**	**12.67**
		平均値	4.45	4.49		平均値	17.78	12.41

④ STEP4 株主価値の算出

STEP3で算出した各種倍率に評価対象会社の指標（基準値）を乗じ、必要な調整を加えることで評価対象会社の株主価値を算出しました。その結果は以下の通り262,987千円～463,584千円と試算されました。

（単位：千円）		基準日 23/3末 EBIT倍率	基準日 23/3末 EBITDA倍率	基準日 23/3末 PER	
倍率採用値		予測	予測	予測	
倍率	①	7.97×	4.42×	12.67×	
基準値	②	47,400	52,940	31,683	
事業価値	③=①+②	377,778	234,156	401,320	
非事業性資産	④	30,000	30,000	30,000	
有利子負債	⑤	45,000	45,000	45,000	
株主価値	⑥=③+④−⑤	362,778	219,156	386,320	
コントロールプレミアム等	⑦	20%	20%	20%	
コントロールプレミアム考慮後株式価値	⑧=⑥*(1+⑦)	**435,334**	**262,987**	**463,584**	
発行済み株式総数	⑨	50,000	50,000	50,000	株
1株当たり株式価値	⑩=⑧/⑨	**8,707**	**5,260**	**9,272**	円/株

デューデリジェンスの実施　03

少しでもM&Aに携わったことがある方であれば、税理士としてM&Aに関わることができる業務としてデューデリジェンスが思い浮かぶのではないでしょうか。売り手との間で基本合意が締結され、いよいよクロージングに向けM&Aの実行段階に入ってきます。買い手の立場としては、これまで開示されてきた限定的な情報を基に行った判断や目論見に問題がないかを確認するため、これまでより詳細な情報や資料を要求し、最終契約に向けた調査を行います。買い手自身がデューデリジェンスを行うこともありますし、専門家に委託することもあります。

私の経験として、多くのM&Aでは、このタイミングで私たちのような会計・税務の専門家に調査を委託することが多いようにと思います。

買い手にとってM&Aは、対象会社の財産の状況や収益力を基に、その意思決定を行うことが多いため、その前提条件に問題がないかを確かめるため、私たちのような会計・税務の専門家に対して財務・税務に関するデューデリジェンスを委託するのです。

以下、デューデリジェンスの目的や進め方、財務・税務デューデリジェンスの着目点について解説していきます。

なお、本書はM&Aの概略を解説する趣旨であるため、財務・税務デューデリジェンスの詳細について解説することはできませんが、実際の業務を行うにあたっては、拙書『M&A財務デューデリジェンス入門』（税務経理協会）をお読みいただければと思います。

1　デューデリジェンスの目的と種類

デューデリジェンスでは、M&Aにおける様々な懸念事項やリスク、情報について多面的に調査を行います。

一般に買い手となる会社は、基本合意前においては、入手できる情報や資料が制限されることが多い中で、買収条件等を検討し、売り手に対して提示します。デューデリジェンスでは、買い手が、基本合意の前提となる事項についての詳細な確認や、開示資料や回答に関する確認、想定するシナジー効果に関する検証、M&Aに伴うリスクや課題の把握、契約に織り込むべき事項の把握等を行います。そのため、デューデリジェンスには様々なものがあり、買い手としては自社での実施もしくは専門家への委託を検討します。

+α ポイント

デューデリジェンスの例（詳細は第3章04の2で説明）

① ビジネスデューデリジェンス
② 財務デューデリジェンス
③ 税務デューデリジェンス
④ 法務デューデリジェンス
⑤ 人事・労務デューデリジェンス
⑥ 不動産デューデリジェンス
⑦ 環境デューデリジェンス
⑧ ITデューデリジェンス

私たち税理士が、このデューデリジェンスのフェーズに関与する際には、財務デューデリジェンスや税務デューデリジェンスが多いのではないでしょうか。

私たちが財務デューデリジェンスや税務デューデリジェンスを受託する際には、依頼者の意思や着眼点を十分に理解する必要があります。通常、デューデリジェンスは、依頼者が本来実施すべき調査の一部を委託し、その結果を取りまとめて報告するという委任業務に位置付けられます。

中小企業M&Aでのデューデリジェンスは依頼から報告まで1か月以内で行われることも少なくありません。さらに、要求される情報には買い手候補に悪用された場合に甚大な損害が発生しかねない機密性の高い情報が含まれることがあることや、売り手においても人的資源の制約がある等、全ての情報が正確かつ網羅的に入手できるとは限りません。そのため、デューデリジェンスを受託する場合には、依頼者がどのような点にリスクを感じ、懸念を示しているのかをきちんと理解し、時間的制約、予算等を踏まえ、業務範囲を決定することが重要となります。

また、私たちデューデリジェンスを受託する立場からは、デューデリジェンスの最大の目的が「経営判断・意思決定に資する情報の提供である」という点について念頭に置いて業務を行う必要があります。

M&Aやデューデリジェンスに不慣れな方がデューデリジェンス業務を受託している場合に、「公認会計士の行う会計監査」や「税務調査」と混同したような調査内容・立ち振る舞いをするケースを見ます。上述のようにデューデリジェンスの目的は「経営判断・意思決定に資する情報の提供」であるため、必ずしも会計監査や税務調査のような調査結果を依頼者が望むものではありません。また、デューデリジェンス担当者がそのような立ち振る舞いをした結果、場合によってはM&A自体が破談となることもあるため、業務を受託する立場としては慎重を期して行動するということが重要です。

例えば、買い手の起用した専門家等が次に掲げるような行動をした結果、その後の交渉や関係性に影響を与えたケースがあります。

・調査中に過度に高圧的な態度をとったことにより売り手の逆鱗に触れてしまった。
・調査の過程で、買い手の専門家から過年度の税務処理について誤った処理であることを詰問されたと売り手が感じるような物言いをした。本来であれば買い手に対してリスクを報告し対応を検討すればよいのであり、売り手を詰問する必要はない。
・未払金と未払費用の勘定科目の違い等のように買い手の意思決定に影響のなさそうな軽微な問題を集中して確認していた。
・中小企業では作成していないようなことも多い資料について、当然に作成しなければならないという態度で資料要求を続けた結果、売り手に過度の不安や負荷を与えた。

2　デューデリジェンス業務の流れと実務上のポイント

(1) 概要

次の図は、私たちが実際にデューデリジェンス業務を受託した場合に、どのように業務を進めていくか、その一例を示したものです。M&Aの売り手の状況や買い手の状況、クロージングまでのスケジュールやデューデリジェンスの内容等によって、順序が前後することや、同時並行もしくは省略するケースもあります。ここで示すものを、基本的なスケジュールとして一連の流れを理解することで、業務効率の向上や、業務上生ずるトラブルを回避できることもあります。

デューデリジェンスの進め方（例）

	目 的	作 業
初期調査	• 対象会社の概要の理解 • 調査方針、工数の検討	• 機密保持契約（NDA） • 企業概要書（IM）のレビュー • 決算報告書等のレビュー • 基本合意書や意向表明の確認
買い手との打ち合わせ（スコープの検討）	• 作業内容や方針、スケジューリング等の業務範囲や業務内容、見積もりのために必要な情報の入手	• 買い手の懸念点に関するディスカッション • 初期調査によるリスクと考えられる事項等に関するディスカッション • 報酬感のすり合わせ • スケジュールや社内手続きの確認
見積り・提案	• 顧客と調査範囲やスケジュールを明示的に合意すること	• 以下の内容を織り込んで顧客に提案する • 調査対象（会社、財務諸表、調査項目等） • 調査の内容 • 調査のスケジュール • 基準日の合意
契約締結	• 契約関係、責任関係の明確化 • 業務範囲の明確化	• 契約書作成
依頼資料リスト作成・依頼	• 売主への負荷をできる限りさけるため、事前に必要資料を通知	• 業務範囲に従った初期の依頼資料をリスト化し事前に送付
資料のレビュー	• 資料の事前レビューを行うことでインタビューの実効性を高める	• 業務範囲に従った初期の依頼資料をリスト化し事前に送付
マネジメントインタビュー	• マネジメントに直接インタビューすることで会社の概要や、重要な事項を把握	• インタビュー項目の洗い出しと事前に通知
現地での資料閲覧・追加質問	• 現地でのみしか確認できない資料の閲覧担当者等に対する質疑応答	• 事前に確認すべき資料のピックアップ • 現地でしかで確認できない資料の確認 • 現物確認 • 視察
追加QAの実施	• 現地入手資料や報告書作成の過程での未確認事項を確認する	• 報告書のとりまとめ作業 QAリストの送付や追加の質問のための面談を実施
中間報告	• 最終報告前に調査の結果の概要を説明し追加調査項目等をすり合わせる	
最終報告	• フォロー結果の報告と最終成果物の納品	
条件交渉・契約締結		

(2) 初期調査

買い手となる依頼者からデューデリジェンスを依頼されたら、まず対象会社の情報を入手します。第2章のM&Aのプロセスで説明したように、買い手は私たちにデューデリジェンスを依頼する前に売り手から様々な情報を入手し、検討しています。また、買い手にとって、本件における特段の懸念事項が既にある可能性もあります。

そのため、デューデリジェンスを依頼されたら即座に見積や受託をするのではなく、まずは買い手が入手している情報を共有してもらい、M&Aの背景等を理解することで、買い手がデューデリジェンスに何を求めているのか、対象会社ではどのような財務・税務上のリスクがあるのかといったディスカッションを行うことが重要と考えます。

また、ここで提供を受ける情報は、慎重に取り扱うべき重大な機密情報です。その取扱いには十分な注意を払う必要がありますし、情報提供を受けるに当たって機密保持契約を締結する場合もあります。

(3) スコープの検討、見積り・提案

初期調査により入手した、対象会社に関する様々な情報を踏まえ「どのような範囲」で「何をするのか」を決定します。前述のようにデューデリジェンスは委任業務です。そのため、むやみやたらに調査をすればいいのではなく、限られたスケジュールや状況の中で何を調査するのか、顧客は何を委託するのかを明確化しておくことが重要となってきます。

実務では、依頼者より「過去の決算書が正しいことを確認してほしい」「粉飾や脱税がないことを確認してほしい」「先生にお任せします」というご依頼をいただくこともしばしばあります。しかし、このような依頼は依頼内容が明確ではありません。限られた時間、限られた資料の中で依頼内容に完全に答えることはできるでしょうか。財務諸表に一切の誤りがないことを確認するためには簿外の取引も含め全ての取引を把握しなければならず現実的には難しい要求かと思います。仮にそのような依頼を受けた場合に、調査後に過年度の決算書の粉飾や追徴課税が生じた場合には、依頼者は調査が不十分であったとし、場合によっては調査を実施した私たちに損害賠償を求めるかもしれません。

そのような事例は、極めて稀ではあるとは思いますが、ここで重要なのは、

実際に契約し、調査を行う前に依頼者である買い手との間で、どのような目的で、どのような範囲（財務諸表や、科目、期間等）で、どのような手続を実施し、どのような報告をするのかについて認識を合わせる必要があるということです。この認識が合わないまま調査を行った場合には、その後に損害賠償請求されるような事象が発生するかもしれませんし、報告を行った段階で追加調査を求められ当初の見込みを大きく超えるような工数がかかってしまうこともあります。いずれにせよ依頼者とのトラブルを未然に防止するという意味で、きちんと業務範囲・内容を確定させ、依頼者と認識を合わせるための提案や見積を行うということが重要となります。

(4) 契約締結

私たちがデューデリジェンスを依頼されてから、着手し、調査し、報告するまで、比較的短期間で行われることも多いため、実務では契約書の締結を行っていないというケースもあると聞きます。

しかし、前述のようにデューデリジェンス業務は、依頼者との業務範囲等について当事者間の意識の齟齬が生じやすい業務となり、トラブルとなりやすい要素を含んでいます。

また、M&Aの特徴として、デューデリジェンスを行った後に取引が破談となる場合があります。破談となった場合には買い手としては、デューデリジェンス費用はその後の成果（買収の実行）がない単なるコストとなってしまうため、買い手の心情としては支払いを少しでも抑えたい欲求が出てきて紛争につながる可能性があります。

デューデリジェンス業務を行うに当たっては、事前に契約書のひな形を用意し、業務範囲や責任範囲等を明確にするように準備をしておくことが重要となります。

(5) 依頼資料リスト（IRL：Information Request List）の作成及び依頼

通常デューデリジェンスを進めるに当たっては、初期的に入手している資料（確定申告書、決算書、勘定科目内訳明細書等）を確認した上で、調査に必要な書類や質問等を表形式のリストにして売り手サイドに回答を依頼します。

売り手サイドがFA（財務アドバイザー（Financial Adviser）の略称であり、M&Aにおける財務的な側面からM&Aの初期段階からクロージングまで案件全般にわたった助言を行う）を利用している場合や、M&A仲介会社を利用している場合には、直接売り手と買い手がやり取りを行うことが原則禁止されますので、FAやM&A仲介会社を通して依頼資料リストを展開し、資料や回答の入手もFAやM&A仲介会社を通して行うことが一般的です。

(6) 調査・Q&A

依頼資料リストに従って、売り手より資料が開示されてきたら資料を読み込み、残高等の検証を行い、追加の質問等をしていきます。

調査の進め方には大きく分けて以下の2つの方法があります。

① 現地調査重視型

現地での調査（オンサイトデューデリジェンス）を重視する方法です。調査の初期段階では、最低限必要な資料のみを依頼し、対象会社への往査スケジュールを調整します。案件の規模等によって異なりますが、現地では数日から1週間程度のスケジュールを組み、現地において必要な資料の依頼や質問等を随時行います。

資料確認時の不明点について、現地で即座に確認できるため効率的に調査を進めることができる反面、売り手の社内や関係者を長期間拘束するため、売り手の負担や、売り手の社内においてM&Aを知らない従業員の不信感を煽る可能性があります。

② デスクトップレビュー型

事前に詳細な資料依頼リストを展開し、資料の写しをデータで提供を受け、質問等はQAシートを用いることで文書としてやり取りされることになります。QAシートでのやり取りに加え、後述するマネジメントインタビューや実務者インタビューを組み合わせることもあります。

売り手との接触を可能な限り減らすことにより、売り手従業員等にM&Aを悟られないようにするというメリットや、やり取りを文字として残すことができるというメリットがある反面、質問が文章で行われるため質問の趣旨が伝わらないケースや回答に対する更問を繰り返すことによって多くの時間を要してしまうケースもあります。また、物量が多く見える傾向にあり、売り手の心理的負担が重くなる傾向もあります。

なお、クラウドストレージを利用したVDR（Virtual data room）を利用することで、大量のファイルを効率的に関係者に共有することが可能となります。近年は、VDRを利用することが一般的です。

(7) マネジメントインタビュー・現地調査

対象会社の事業内容や、会社概況を理解すること、開示資料に関する質問を実施すること、簿外資産や簿外債務等の有無を確認すること等を目的として、対象会社の経営者、オーナー、幹部、経理担当従業員等を対象にインタビューを行うことがあります。マネジメントインタビューは、以下に列挙するような実施の目的により、対象者や実施時期が異なりますが、調査期間中に1度は実施されることが多いように思われます。

① 調査を実施する初期段階で、対象会社の概況等を把握するため
② 資料で確認できないような事項を口頭で確認するため
③ 質問事項等の積み残し事項を確認するため

(8) 中間報告・最終報告

依頼者の要求により異なりますが、通常デューデリジェンスでは最終の報告書を提出する前に中間報告会を開催する場合が多くあります。中間報告は、調査期間が比較的長期にわたる場合に、作業の進捗やその時点で発見されている課題等を共有するために行われる場合もあれば、一通りの調査を概ね終了し、追加の調査項目があるか否かを依頼者に確認するという意味で行われる場合もあります。

実例6 顧客との業務内容のすり合わせが不十分であったがためにトラブルに

金属加工業を営むH社からの依頼により、同業他社のM&Aを実行するに当たり、対象会社の財務デューデリジェンスを委託された。H社は中小企業であり、本件が初めてのM&Aであったものの、デューデリジェンスにかける費用はできる限り最小限にとどめたいとの要望があった。

H社からの要望に応えるべく、調査対象を貸借対照表のみの調査とした上で、調査を実施する勘定科目の絞り込みや実施手続を最小限にする等の工夫をすることでH社の予算に収まるよう配慮した。また、業務受嘱の前提条件や絞り込む過程に関しては、H社社長に口頭で説明したのみであり、契約書についても締結することなく業務を実施することになった。

顛末としては

デューデリジェンスについては、大きく想定と異なるような事項はなく、合意された期日までに報告書（案）をまとめることができた。その後、報告書（案）を基に中間報告を行ったが、H社からは社長の他、管理担当役員や顧問税理士等が同席した。報告の内容は事前の取り決めのとおり、簡素な調査内容に基づいた報告となったが、その報告時において、H社の管理担当役員や、顧問税理士等から調査対象外となっている事項に関する質問や疑念点が多数寄せられた。この点、委託の範囲外である旨説明するものの、そのような説明は聞いていないことや、専門家として疑問点については解消すべきである旨強弁され、対応せざるを得なくなった。

結果として、工数は当初の想定を大幅に超過する結果となり、H社との間でも追加の報酬交渉を行ったがかなり難航する結果となった。

業務範囲の合意に関しては、案件に関わる重要な権限を持っている人物も交え事前にしっかりと協議をし、契約書等の文書として合意すべきであることを痛感する事案であった。

3　財務・税務デューデリジェンスの着眼点

前述のように、私たちが財務・税務デューデリジェンスを行う目的は「経営判断・意思決定に資する情報」を提供することです。具体的には、以下のような視点で調査を進めていくことになります。

- 企業価値評価に影響を与えるような要素はないか
- M&Aのスキーム・ストラクチャーに影響を与えるような要素はないか
- 契約に織り込むべき要素はないか
- M&A成立後の統合段階において注意を払うべき要素はないか
- M&A実行の阻害要因（ディールブレイカー）はないか

これらの調査は具体的には、以下のようなカテゴリに分けられB/S、P/Lに対して調査していくことになります。

①　実態純資産（時価純資産）の把握

貸借対照表の資産については、時価評価や回収可能性の評価、簿外資産の評価を行い、負債については未計上の債務や引当金、簿外債務の計上を行うことで、一定時点における実態の純資産額の把握を行います。

② 正常収益力の把握

対象会社における過去の損益計算書を分析し、臨時的・一時的な損益の有無やM&Aの実行後に減少もしくは増加する費用の有無、企業会計上計上が必要となる費用の有無、M&Aの実行後に想定されている投資や構造改革費用の有無等を把握し、対象会社が本来有する正常な収益力は過年度においてどの程度であったかを把握します。これを把握することによって、将来の事業計画等の評価や企業価値の評価を行う出発点となります。

③ 税務リスクの検証

過年度の申告書や帳簿書類の確認、過去の税務調査の実施状況の把握、顧問税理士へのヒアリング等の手続を通じて、申告書の誤りの有無や税務リスクを伴う取引や処理の有無等の把握を行います。

④ その他

会社分割等、単純な株式譲渡ではなく、一定のスキームの実行によるM&Aが想定される場合に、上記のほか別途個別の検討事項が生ずることがあります。また、中小企業のM&Aでは必須というわけではありませんが、買い手がバリュエーションを行う場合に、バリュエーションの内容に影響がある情報の分析を主眼として行うこともあります。

私の経験では、中小企業のM&Aにおいては、最低でも上記①の実態純資産の把握についてはデューデリジェンスの手続として行っている場合が多いと思います。

以下では財務デューデリジェンスを受託した際に、実態純資産（時価純資産）を把握するための着眼点を挙げます。前述のように財務デューデリジェンスの範囲は買い手との協議によって決まるものであるため、下記の手続はあくまで一例であり、個々の取引の事情や買い手の要望、対象会社の状況等によって実施すべき手続は異なってくるものとなります。

(1) 現金及び預金

① 現金及び預金は実在するものであるか

現金及び預金を調査する場合には、まず貸借対照表に計上されている現金及び預金の残高が適切か、すなわち実在するものであることを確認する必要があります。

中小企業の経理実務においては、長年記帳されていない通帳の帳簿上の処理がなされていない場合や、現金勘定が実質的な役員貸付金として機能している場合があります。そのような状態で買収を行った場合に、買収後にあるはずの現金及び預金が実在しないということになり問題となります。

具体的には、預金については、残高証明書や通帳を確認することで残高を確認することができます。通帳で確認する場合には、最終記帳日付を質問等により確認し、現在の残高として適切であるか確認します。現金については、預金のように証明できる証憑がないことが多く、日常の現金の受け払い管理の状況と現金の保管状況に照らして、例えば現金出納帳との照合により残高を確認することがあります。帳簿上の現金が実際残高と異なる場合には、M&Aの実行に当たって、適正残高との差額に対してどのような取扱いをするかを事前に売り手と買い手との間で合意する必要があります。

仮に現金や預金が帳簿残高と不一致である場合には、内部管理体制に問題がある可能性があるため、その旨も報告書において指摘します。

② 担保等により拘束されている預金はないか

担保等によりその利用が拘束されている預金があるか否かを調査します。預金が担保提供等により拘束されている場合には、買い手は対象会社の資金繰り計画等に影響を与えることになります。

預金担保の有無に関する事項は、売り手への質問によって確認することができるほか、通帳や証書の現物を確認することで担保提供資産の有無を確認することができます。

③ 資金繰りの特徴や留意点はあるか

中小企業のM&Aにおいて資金繰りの状況を把握することは非常に重要です。中小企業である対象会社の資金繰りは必ずしも芳しいものではないことがあります。また、買い手においても潤沢な資本力があるとも限らず、最悪なケースでは買収後間もない時期に資金ショートを起こしてしまい、資金繰りに奔走しなければならなくなります。

そのため、対象会社の資金繰りには季節的な変動性があるのか、月内での日繰りの資金繰りにはどのような特徴があるのかを把握し、資金繰りに余裕があるのか否かも含め慎重に分析することが重要です。

具体的には、対象会社が資金繰表（月次、日次）の実績と予測を作成している場合にはそれらを入手した上で分析します。ただし、中小企業において精度の高い資金繰り表が作成されていないケースも多く見られるため、その際には、会計データ等を基に独自に分析を加えていくことも有用です。

中小企業のM&Aにおいては、資金繰り分析を行うことにより、デューデリジェンスを行う前までの対象会社の印象と大きく変わった見え方になるケースもあるため、特に重要になってくるのではないでしょうか。

また、対象会社の資金繰りを分析することによって、必要運転資金の水準も推測できます。デューデリジェンスは一時点を基準に行われることが多いですが、基準日におけるキャッシュポジションが通常月に比べて良いということもあります。事業運営上必要な資金を見定めることによって、M&A後の事業運営を効率的に行うことができます。また、必要運転資金の水準が把握できればおのずと余剰資金の残高も把握可能となります。余剰資金は

M&A後にどのように活用するか検討することが重要となるとともに、企業価値評価を行う際には価値を構成する要素にもなります。

(2) 売掛金

① 売掛金は回収可能なものであるのか

売掛金の調査項目としては、まずはその残高が回収可能なものであるかに注意を払う必要があります。貸借対照表に計上されている売掛金には、正常な債権、回収が滞っている債権、過去の計上誤りや架空計上された債権等のように様々なものがあります。

中小企業においては税法基準に基づく会計処理を行っていることが多いため、税法上損金処理することが難しい売掛金がある場合には長年計上されているままとなっていることがあります。また、貸倒引当金も実質的な判断に基づき計上するのではなく税法に従って計上することが多いものです。デューデリジェンスにおいては、税法上は損金として処理できない債権であっても、買い手からすれば回収可能性が乏しい債権については資産価値がないものとして評価減することになります。

② 売掛金の回収サイトはどのようになっているのか

売掛金の回収サイトは、今後の事業計画策定に当たっての運転資本の変動や資金繰り計画に影響を与えます。そのため、デューデリジェンスにおいては主要な取引先の回収条件について確認します。

また、売上債権の回転期間分析を行い、異常値の有無や上記で確認した回収条件との整合性を確認することで、滞留債権等の兆候や異常取引を発見することができます。

$$売上債権回転期間（月）= \frac{売上債権}{月次売上高}$$

③ 売掛金はどのように管理しているのか

売掛金の発生と回収の管理はどのように行っているかを確認します。顧客との間で役務提供を完了した債権を適時に請求し、会計処理しているか、その後の入金消込を適時・適切に行っているかを確認することで、売上の計上漏れや不良債権の早期発見等が可能になり、最低限の内部管理体制が整っているか、買収後の対応が必要かどうかを検討します。

(3) 棚卸資産

① 棚卸資産は適切に計上されているか

対象会社において棚卸資産として計上されている商品、製品等について、その計上が継続的な受け払い記録の結果もしくは、実地棚卸の結果に基づきなされているかを確認します。中小企業の会計実務においては、実地棚卸の実施や日々の正確な受払記録ができない場合もあります。

同様に、原価計算が必要な業種であれば、本来あるべき原価計算方法による結果とどの程度乖離する可能性があるかどうかも把握する必要があります。

棚卸資産の残高が本来あるべき残高と大きく異なる場合には、過去の決算における利益や純資産の金額が異なった見え方となっている可能性があるため、慎重に検討する必要があります。

② 棚卸資産の評価は適切か

計上されている棚卸資産のうち、長期滞留在庫となっているものがないかを確認します。長期滞留在庫がある場合には、その販売可能性に関して検討し、必要な評価減を行うこととなります。また、棚卸資産が損傷等で物理的に劣化し品質が落ちていないか、経年劣化により陳腐化していないか等についても検討し、これらについても必要な評価減を行うことになります。

上記のような長期滞留在庫、陳腐化在庫等について、適切に管理されていればそれらの資料を確認することで把握することができます。しかし、中小企業においては在庫の年齢表や日常的な評価を行っているわけではないため、それらの状況は売り手への質問や棚卸資産保管状況等を直接確認することにより把握するきっかけとなります。

また、棚卸資産の評価については事業上の判断が伴うため、私たち税理士が独自に判断することは難しい領域となります。そのため滞留在庫や陳腐化在庫を発見した場合にはその評価をどうするかについて買い手と相談し決定することが重要です。

③　棚卸資産の回転期間はどのようになっているか

棚卸資産の回転期間は、棚卸資産を仕入れてどのくらいの期間で販売できているかを見る指標であり、一般的に以下の式で算定されます。

$$\text{棚卸資産回転期間（月）} = \frac{\text{棚卸資産残高（または勘定科目や主要製品群ごと）}}{\text{月次仕入高}}$$

棚卸資産の回転期間が安定していない場合には、滞留在庫の発生や、在庫調整等の異常な要因が背景にある可能性があります。また、在庫の回転期間が長期であればあるほど資産効率が悪いことになるため、M&A後に改善の余地があるかどうかについても検討が必要となります。

(4) 固定資産

①　固定資産は実在するものであるか

固定資産を調査する場合には、貸借対照表に計上されている固定資産が実在するものであるかを確認する必要があります。

中小企業では、固定資産の除却や売却に係る処理が適時・適切になされていない場合があります。そのため、帳簿上は固定資産に計上されている資産であっても実在せずに会社の純資産を過大に表示していることがあります。

具体的には、固定資産台帳を基に資産の実在性について質問をし、必要に応じて固定資産台帳に記載されている資産の視察を行うことで実在性を確認することが考えられます。

②　遊休資産や事業に必要の無い資産（非事業性資産）はないか

中小企業においては、会社が保有している資産には本来の事業運営目的にのみ保有されるものではなく、遊休となっている資産や投資目的等の事業に必要の無い資産を保有していることがあります。これを非事業性資産といいます。

非事業性資産については、M&A時において買い手が引き継ぐかどうかを検討する内容になるとともに、企業価値評価を行う際には価値を構成する要素にもなります。

なお、代表的な非事業性資産としては、遊休不動産、投資不動産、経営者が私的に利用している社宅や車両等が挙げられます。

③　固定資産の評価は適切か

企業会計においては、固定資産は取得原価主義に基づき取得原価で計上され、減価償却を通して費用化されていきます。中小企業の会計においては、税務を意識して会計処理されるため、減価償却費を償却限度額の範囲内で任意に計上していることがあります。また、取得原価と時価が大きく乖離しているような資産を保有していることもあります。

そのため、一般的には、土地のような時価がある資産については時価で評価し、適正な償却後帳簿価額を時価とみなす場合には、過年度の償却不足や償却超過を調整した償却後帳簿価額により評価することとなります。

また、税務上の特別償却により正規の減価償却を行うより早期に減価償却をしている場合には、帳簿価額が本来あるべき残高より小さくなっていると考えられるため、これも実態の純資産を把握するに当たっては調整することが考えられます。

+α ポイント　デューデリジェンスにおける土地の評価

デューデリジェンスは限られた時間と手続で調査を進めるため、必ずしも厳密な時価によることはなく、不動産鑑定評価の結果や、業者による査定の結果、公示価格、固定資産税評価額を0.7で割り戻した金額等、把握できる情報のうち合理的なものにより評価することが広く行われています。

④　不動産の権利関係がどのようになっているか

不動産については、担保提供等により、権利関係が制限されている場合があります。また、過去に設定されていた抵当権が解除されずに放置されているような事例もあります。

買い手にとっては不動産の権利が制限される場合には、買収後の資産の処分や、事業運営において思わぬ制限を受けることになるため、デューデリジェンスにおいて確認することが重要です。過去の事例では、売り手すら認識していないような権利設定がなされている場合もあったため、調査に当たっては質問にのみ頼るのではなく根拠証憑等をあわせて確認することが重要です。

具体的には、不動産登記簿や担保設定契約の有無を確認することにより不動産の権利関係を確認します。

(5) 有価証券

①　有価証券の評価は適切か

対象会社が保有する有価証券には、上場株式等のように市場価格のある有価証券や、非上場株式のように市場価格のない有価証券があります。

対象会社の実態純資産を把握するに当たっては、上場株式など市場価格のある有価証券について、基準日時点の株式市場における株価等により評価します。

一方、非上場株式などの市場価格のない有価証券の場合は、取得原価で評価することもありますし、対象会社から投資先の直近決算書を入手して直近決算の純資産に基づき評価することや、その他の合理的な価値算定結果により評価することが考えられます。

② 有価証券の保有目的は何か

対象会社が有価証券を保有する場合には、例えば以下のような理由が考えられます。保有目的によっては、買い手は、買収後に処分や継続保有等の方針を検討することになります。

・支配目的（子会社、関連会社）
・純投資目的（余資運用等）
・取引上の目的（得意先や仕入先等との関係構築等のため）
・保有する特段の理由なし

また、上記の理由のうち、純投資目的や特別な保有理由がない場合には、事業関連性がないため、非事業性資産として、企業価値評価を行う際の価値を構成する要素にもなります。

(6) 保険積立金

① 含み損益はどのようになっているか

中小企業では、節税目的で生命保険等の保険契約を締結し保険料の支払いを行っていることがあります。それらの会計処理は、税法等に従って、保険料の全額もしくはその一部を損金算入している場合が多くみられます。

これらの生命保険等については、解約した場合には貸借対照表に計上されている保険積立金を超える返戻金を得られるものも少なくありません。したがって、保険積立金については一般に基準日における解約返戻金を時価として評価することになります。

また、保険の契約目的や、被保険者によっては、買収後の事業運営上の必要性がなく、非事業性資産として、企業価値評価を行う際の価値を構成する要素にもなります。

この保険積立金に関する調査を行う際には、資産計上されている保険契約のみならず、損金経理されて保険についても検討することが重要です。

(7) 敷金・保証金

① 敷金・保証金の内容はどのようになっているか

敷金や保証金については、長期にわたって変動しないことも多く、中小企業においては、その内容が不明となっている場合や、過去の会計処理の誤りにより既に失効や回収済みの資産が貸借対照表に計上されていることがあります。

調査としては、貸借対照表に計上されている敷金や保証金について、差入先、目的、金額等について内容を整理していくことから始めます。それぞれの内容は契約書や差入証等の証憑と確認し、その残高及び内容が適切であることを確認します。

調査の過程で、不明な残高が発生した場合や、合理的な予測も不可能である場合には、実態純資産を把握するに当たっての調整項目となることもあります。

② 敷金・保証金の評価は適切か

敷金や保証金については、上記のように実在しないものの他、契約によりその一部を償却する場合や、退去時の原状回復費が控除され返還されるようなものがあります。ただし、税法により退去時までは損金算入ができないものについて、中小企業の会計処理において費用化されていることは少ないと思われます。

調査においては、契約内容等を確認した上で、上記の償却部分や将来の原状回復費用の見込額等のように将来返還不能と考えられる部分については資産性がないものと判断して、実態純資産を把握するにあたっての調整項目とすることがあります。

(8) 買掛金・未払金

① 買掛金・未払金の計上漏れはないか

買掛金や未払金の調査項目としては、まず計上すべき債務が全て貸借対照表に計上されているかを確認します。中小企業においては、現金主義に基づき費用の計上を行うことや、先方から請求書を受領した際に費用計上するといった処理がなされることがあります。

本来、費用及び債務は発生主義で計上する必要があるため、支払いや請求書の発行がなされていなくとも基準日において、発生している債務がある場合にはこれを実態純資産の把握において調整する必要があります。

全ての債務の計上漏れを確認することは非常に難しいですが、勘定の分析や、請求書や基準日後の支払いの閲覧・質問等によって未計上の債務の可能性を検証していくことになります。

② 買掛金の支払いサイトはどのようになっているか

買掛金の支払いサイトは、売掛金と同様、今後の事業計画策定にあたっての運転資本の変動や資金繰り計画に影響を与えます。そのため、デューデリジェンスにおいては主要な取引先の支払い条件について確認します。

また、仕入債務の回転期間分析を行い、異常値の有無や上記で確認した支払い条件との整合性を確認することで、長期未決済の仕入債務・仕入債務の計上漏れ・異常取引を発見することができます。

調査を通して特殊な支払い条件となっている相手先がある場合には、そのような支払い条件となった背景を確認することも重要です。

$$仕入債務回転期間（月）= \frac{仕入債務}{月次仕入高}$$

(9) 借入金

① 借入金の契約内容、担保・保証等の条件はどうなっているか

中小企業においては、借入金について複数の金融機関と多数の契約を締結することや、私募債や手形借入、劣後ローン、デリバティブ取引との組み合わせによる融資等のように通常の金銭消費貸借契約に基づく借入金とはその性質が異なるような契約を締結していることもあります。

中小企業の経営者にとって、銀行からの資金調達を受けることは重要な事項です。しかし、経営者が法律関係や金融に関して十分な知識を持っていないことも多く、それが法的にはどのような契約等に基づき、どのような権利関係が構築されているのか十分に把握できていないこともあります。

そのため、契約書等から対象会社における借入金の契約内容や担保や保証等の権利関係等について取りまとめ、重要な問題がないかについて確認します。

例えば、担保提供資産がある場合には、M&A後の処分等に制約を受ける場合もあります。担保提供資産が売り手の個人所有の資産である場合や、保証人が売り手自身である場合には、M&Aの実行後に売り主や金融機関から買い手による担保資産の提供や保証人の変更が求められることが通常です。

また、借入金の契約に財務制限条項等の条項が設定されている場合には、買い手のM&Aの実施による今後の事業戦略に制約を受けるような可能性もあります。

② 借入金の残高は適切に計上されているか

基準日時点における残高証明書が入手できる場合には、残高証明書を確認することで、借入金の残高が適切に計上されているかを確認します。また、

M&Aにおいては限られた手続や時間の中で調査を行うことになるため、対象会社より残高証明書の入手が困難なケースもあります。その場合には、返済予定表等により借入金の残高が適切に計上されていることを確認します。

(10) 賞与引当金

① 賞与制度を把握する

賞与制度がある場合には、買い手はM&Aの実行後も原則としてその制度を引き継いでいく必要があるため、賞与制度の内容を理解する必要があります。

具体的には、就業規則、賃金規程、賞与規程等を入手し、支給対象者、支給時期、計算対象期間、支給額の決定基準について把握します。また、就業規則等に詳細な定めがない場合であっても、会社の慣例となっている事項がある場合には、その内容を把握することが重要です。

賞与制度も含め、人事制度に関する制度は従業員に大きな影響を与えかねない事項であるため、買い手としては慎重に検討をする必要があります。

② 賞与について、必要な引当金が計上されているか

中小企業においては税法基準に基づく会計処理を行っていることが多いため、賞与引当金の計上を行っていないことが多くあります。

賞与については、支給対象期間にわたった労働の対価の後払いであると考えた場合には基準日において賞与引当金の計上が必要となります。そのため、実態純資産の把握における調整事項となります。

(11) 退職給付引当金

① 退職金制度を把握する

退職金制度がある場合、買い手はM&Aの実行後も原則としてその制度を引き継いでいく必要があるため、退職金制度の内容を理解する必要がありま

す。

具体的には、就業規則、賃金規程、退職金規程等を入手し、制度の概要や支給基準に関して把握します。買い手において退職金制度がない場合もあり、買い手の今後の事業運営方針によっては退職金制度の存在が大きな障害になる場合もあるため慎重な検討が必要となります。

② 退職金制度がある場合、引当金が計上されているか

賞与引当金と同様に、中小企業においては税法基準に基づく会計処理を行っていることが多いため、退職給付引当金の計上を行っていないことが多くあります。

退職金は、勤続期間にわたって従業員が提供した労働の対価として支払われる賃金の後払いであると考えられ、基準日において退職給付引当金の計上が必要となります。そのため、実態純資産の把握における調整事項となります。

(12) 偶発債務・簿外債務

① 偶発債務や簿外債務を把握する

貸借対照表は、企業の経済活動を一定の会計処理基準に従って作成されるものであるため、貸借対照表の負債の部には、対象会社が将来負うべき債務の全てが計上されているわけではありません。そのため、貸借対照表のみを把握していた場合には、買い手によるM&Aの実行後に思わぬ損害を被ったり、負担を強いられたりすることがあります。

全ての偶発債務や簿外債務を完全に把握することは非常に困難です。しかし、経営者や管理部門の責任者に対しての質問や契約書や議事録及び社内重要資料の閲覧を行い、簿外債務を把握します。

なお、必要に応じて株式譲渡契約書における表面保証条項により、売り手が偶発債務や簿外債務がない旨を保証することも検討します。

② 主たる偶発債務や簿外債務とはどのようなものか

偶発債務や簿外債務になり得る主な項目に以下のようなものがあります。

No	内　　容
1	長期解約不能な販売・仕入契約
2	対象会社が無償で行う製品保証制度
3	ポイント制度
4	リース契約
5	為替予約、金利スワップ、通貨オプション等のデリバティブ取引
6	手形の割引、手形の裏書
7	潜在的な未払い残業代
8	本来、社会保険への加入義務のある従業員の未加入社会保険料
9	未払い税金
10	潜在的な税務リスク
11	第三者に対する債務保証、保証予約、経営指導念書
12	訴訟による損害賠償リスク
13	クレーム対応コスト

実例7　デューデリジェンスにより粉飾決算を発見

家具の販売業を営むI社は、近年増収増益を重ねているが、経営者の高齢化のためM&Aによる事業の売却を考えていた。同業である買い手候補企業より委託を受け、財務デューデリジェンスを行うこととなった。

財務デューデリジェンスの調査項目としては、I社の実態純資産の把握の他、I社の正常な収益力を把握することであった。

調査の過程で、収益性の検証として増収増益の主たる理由の検証や財務数値の分析を行ったところ、販売の時期や回転率に異常があることを発見した。

その原因についてI社の説明や、入出荷の証憑等を確認していたところ、I社においては毎期決算直前に、在庫の押し込み販売を行い、期初に返品を受けるという処理を繰り返すことにより増収増益といった決算となるように財務数値を操作していたことが判明した。

I社による押し込み販売による売上高及び利益の調整を除外した結果、本来のI社の財務数値は過去3期間において売上高、利益ともに減少傾向にあることが判明した。

顛末としては

上記の事実を、買い手候補企業に報告したところ、買い手としてはI社を買収することはできないと判断し、本件M&Aは不成立となった。

中小企業においては、利益の過少表示について税務調査等により指摘されるが、故意に利益を過大表示した場合にはその事実が判明しづらい傾向にあり、改めて中小企業のM&Aにおける財務デューデリジェンスの重要性について考えさせられる案件であった。

実例 8　多額の未払い残業代が買収後に発覚し問題に

都内に飲食店を10店舗展開するJ社の社長より相談を受けた事案である。

J社は、自社と同じく都内で飲食店を3店舗営んでいる会社を買収した。M&Aに当たっては、専門家に委託して、財務デューデリジェンスを実施した。財務デューデリジェンスにおいて対象会社の貸借対照表に関する調査を中心に行い、一般的な簿外債務や偶発債務に関する質問や検証を行ったが、特段問題となることは発見されず、J社は対象会社の買収を実行した。

しかし、買収後間もない時期に対象会社に対して労働基準監督署の調査が行われ、時間外手当の不支給に関して是正勧告を受けた。同時期に、元従業員からの訴えを受け、当該元従業員も含む従業員全てに対して、過去2年間の未払い残業手当の支給を行うこととなった。

J社の社長は、買収時の調査で専門家に委託し、未払労働債務や潜在的な債務に関して調査したにもかかわらず、買収後このような想定外の負担を負わなければならなくなったことに憤慨し、専門家の調査に瑕疵があるのではないかと、第三者としての意見を私に求めてきた。

顛末としては

J社の社長の話を受け、当時の契約内容や調査報告書等を確認し、一般的な財務デューデリジェンスの目的や調査内容、調査範囲等から比較して著しく欠陥のあるようなものではない旨の意見を述べた。

また、本件の指摘は、通常であれば人事や労務の専門家に調査を委託するような事案であり、財務・税務の専門家に求めるべき調査内容ではないと考えられる。

ただし、調査に当たっては就業規則や給与台帳等を入手しているため、買い手の立場としては自身の責任において当該資料の確認をし、懸念点があれば自社による追加の調査や、人事労務の専門家の追加調査を実施すべきであった旨付言した。

このような話をして、J社の社長としては専門家の手続等に瑕疵はない旨は理解し、売り手との間での交渉をすることにしたようである。

中小企業の経営者に対して、我々の実施する業務に対する十分な理解をしてもらうことの難しさを感じた相談であった。

買い手目線に立ったM&Aスキームの検討 04

1　買い手の視点

前述のように、私たちがデューデリジェンスを行う目的は「経営判断・意思決定に資する情報」を提供することにあります。買い手目線でM&Aのスキームを検討することになった場合には、どのような視点で考えていくべきでしょうか。例えば、以下のような点を考慮することが考えられます。

- 買収による支出額をできる限り少なくできないか
- 特定の買収対象のみを買収したい場合にはどのような手法があるのか
- 買収による様々なリスクを切り離すことはできないか
- 将来に関する一定の不確実性に対応するスキームはないのか
- 税務上のメリットを得られるようなスキームはないか

M&Aのスキームは一方の意見のみで決まるものではなく、売り手と買い手の交渉によって決まるものです。そのため、必ずしも買い手の要望通りのスキームとなるわけではありません。また、買い手が重要と考える事項についても、買い手の事情によって異なります。

このような背景の中で、買い手にとって取り得るスキーム、最適のスキームというのは、案件によって異なってきます。

私たちの立場を踏まえると、買い手からスキームの検討を依頼された場合に、最適なスキームとして唯一のスキームを提示することは避けたほうがよいと思います。何が最適であるのかは、買い手の価値観や背景によって異なりますし、私たちの知らないようなスキームが後に第三者から考案される可能性もあります。スキームの提案や検討を依頼された場合にはこのような点を買い手に対してきちんと説明し、理解を得るということが後々のトラブルを回避するためにも重要になってきます。

以下では、買い手のスキーム検討に当たってM&Aにおいて頻出する事項や、手法に関して一例を解説していきます。

2　株式対価M&A

株式譲渡によるM&Aの対価は通常は、現金及び預金により決済されることが多数です。しかし、昨今は株式譲渡の対価の一部又は全部の支払いを買い手の発行する株式で行う方法が見られます（株式対価M&A）。買収資金の調達の負担を軽減しつつ、大規模な買収を実行できる点で実務上のメリットがあることから採用されるM&Aの一形態です。

会社法において株式対価M&Aの手法としては「株式交換」（会社法2条31号）と「株式交付」（会社法2条32の2号）が用意されています。

(1)　株式交換

株式交換とは、株式会社がその発行済株式の全部を他の株式会社等に取得させることをいいます。すなわち、買収対象会社の全ての株式の取得を自社の株式を交付することで行う方法であるといえます。

株式交換が以下の税制適格要件を満たす場合には、株式交換は適格株式交換となります。適格株式交換が行われた場合の株式交換完全親法人（買い手）の株式交換完全子法人株式の取得価額については、株式交換直前における株式交換完全子法人の株主の数により異なります。

株式交換直前における株式交換完全子法人の株主の数が50人未満である場合には完全子法人株式の取得価額は株式交換完全子法人株式の株式交換直前の税務上の帳簿価額で引き継ぎます。株式交換直前における株式交換完全子法人の株主の数が50人以上である場合には完全子法人株式の取得価額は株式交換完全子法人の簿価純資産価額で引き継ぎます。

一方、税制適格要件を満たさない場合には、株式交換は非適格株式交換となります。非適格株式交換が行われた場合の株式交換完全親法人（買い手）の株式交換完全子法人株式の取得価額は時価となります。

また、適格株式交換が行われた場合には株式交換完全子法人の資産・負債に特段の課税関係は生じませんが、非適格株式交換が行われた場合には株式交換完全子法人の株式交換直前に有する一定の資産について時価評価を行うことになります。時価評価対象資産は固定資産、棚卸資産である土地等、有価証券、金銭債権、繰延資産が該当しますが、評価損益が一定金額未満の資産や、帳簿価額が1,000万未満の資産等は時価評価対象から除外されます。

株式交換の適格要件

	適格要件	完全支配関係	支配関係	共同事業目的
継続保有要件	株式交換前の完全支配関係や支配関係等があり、株式交換後も継続が見込まれていること。	○	○	○
金銭等不交付要件	株式交換の対価として、「株式交換完全親法人の株式等」以外の資産が交付されないこと。 ただし、株式交換完全親法人が単独で株式交換完全子法人株式の2／3以上を有する場合、株式交換完全子法人株主に金銭その他の資産を交付した場合や、株式交換完全子法人株主に端株売却代金相当の金銭を交付した場合は税制適格は担保される。	○	○	○
従業者引継要件	株式交換完全子法人の直前に在籍している従業者のうち、概ね80％以上が株式交換後に株式交換完全子法人（またはその完全支配関係法人）の業務に引き続き従事することが見込まれていること。	—	○	○
事業継続要件	株式交換完全子法人の株式交換前に営む主要な事業が、株式交換後に株式交換完全子法人（またはその完全支配関係法人）において引き続き営まれることが見込まれていること。	—	○	○
事業関連性要件	株式交換完全子法人の主要な事業と株式交換完全親法人のいずれかの事業とが相互に関連するものであること。	—	—	○
株式継続保有要件	株式交換完全親法人により株式交換完全子法人の株式の全部を継続して保有することが見込まれていること。	—	—	○
事業規模要件又は経営参画要件	株式交換完全親法人と株式交換完全子法人の事業における、売上高または従業者数のいずれかの差が、概ね5倍を超えないこと。 株式交換前の株式交換完全子法人の特定役員のすべてが、当該株式交換に伴って退任するものでないこと（1名でも特定役員として残れば要件充足）。	—	—	○

一方で、株式交換完全子法人の株主（売り手）の課税関係は、上記の適格/非適格により判断するのではなく、株式交換の対価として株式交換完全親法人の株式以外の資産が交付されるか否かによって判断されます。

株式交換完全親法人の株式のみが交付される場合には、株式交換完全子法人の株主（売り手）の譲渡損益に対する課税が繰り延べられ、株式交換完全親法人の株式以外の資産が交付された場合には譲渡損益に対して課税されます。

（2）株式交付

株式交付とは、株式会社が他の株式会社をその子会社とするために当該他の株式会社の株式を譲り受け、当該株式の譲渡人に対して当該株式の対価として当該株式会社の株式を交付することをいいます。すなわち、買収の対価の一部又は全部を自社の株式とすることを可能とするもので、部分的な株式交換ともいわれます。

株式交付は2019年12月11日公布の改正会社法で新たに株式交付制度が創設され、2021年3月1日に施行された改正会社法において追加された、新たな組織再編行為であり、その後、2021年度税制改正では、株式交付により、その有する株式を譲渡し、株式交付親会社の株式等の交付を受けた場合には、その譲渡した株式の譲渡損益の計上を繰り延べる措置が創設され、実務として徐々に定着し始めています。

株式交付制度の概要

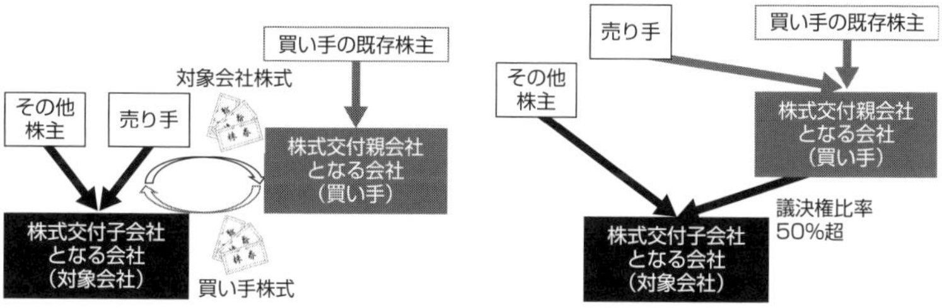

また、株式交付制度における売り手の課税関係は対価の80%が買い手の株式である場合には譲渡損益に対する課税が繰り延べられます。また、買い手の株式の取得価額は、売り手の課税が繰延されているのか、売り手の課税が繰り延べられている場合には売り手の株主の人数によって、時価又は譲渡株主の帳簿価額、対象会社の簿価純資産のいずれかとなります。課税関係をまとめると下表の通りです。

株式交付制度の課税関係

	売り手	対象会社	買い手
課税関係	下記を株主ごとに判断 対価の80%以上が株式交付親会社（買い手）株式 課税繰り延べ ※ただし、株式交付後に株式交付親会社が同族会社（非同族の同族会社を除く。）に該当する場合を除外 上記以外 譲渡損益に対して課税（譲渡所得）	課税関係なし	対象会社株式の取得価額は以下のように取り扱いが異なる。 課税繰り延べの場合 （譲渡株主が50人未満） 譲渡株主の帳簿価額を引き継ぎ （譲渡株主が50人以上） 対象会社の簿価純資産価額 上記以外 時価

3　株式の譲渡対価と役員退職金の支給

M&Aでは、主に対象会社の株式譲渡の方法により買い手が支配権を獲得するケースが多いですが、株式の取得とあわせて役員退職金の支給が検討されることがあります。

M&A対価の一部を役員退職金として支給する場合、買い手にとっては以下のようなメリットが得られます。

買収対価を全て株式の取得として支払う方法と、一部を役員退職金として支払う方法は、いずれも売り手オーナーに対して対価を支払うという事実は変わりません。株式の取得については、その取得原資は買い手が自己資金もしくは資金調達の上捻出する必要があります。一方、役員退職金の支給とした場合には、その支給原資は原則として対象会社から捻出されることになります。買い手にとって、買収対価の支払いを自己が捻出する必要がないという点で、対価の一部を役員退職金として支給することはメリットがあるといえます。

また、買収対価を全て株式の取得として支払う場合には、買い手にとって取得費用（譲渡対価＋付随費用）は、法人を前提とすると全て株式として資産計上されるため、その一部ないしは全部を損金算入することはできません。一方、役員退職金として支給する場合には一定の範囲においては対象会社の損金として計上できます。通常、買収後に対象会社は買い手の支配下に置かれることになり、退職金の支給年度は買い手の支配下において税務申告をするケースが多いため、買い手にとって、役員退職金により一部の買収対価を支払うということは、一定の条件の下、税務メリットを享受できる方法であるといえます。

このような背景から、買い手としても、M&Aに当たって役員退職金の支給を一定額支給することを検討することがあります。買い手が、役員退職金を支給することによって対象会社における税務メリットを得ることを検討している場合には、M&A特有の論点というわけではありませんが、以下に示すような論点に注意し、慎重に検討することが必要です。

(1) 役員退職金の損金算入限度額

役員に対する報酬は原則として、定期同額給与等に該当するもののみが損金として認められますが、退職金の支給については、役員が業務に従事した期間、その退職の事情、対象会社と同種の事業を営む法人でその事業規模が類似するものの役員に対する退職給与の支給の状況等に照らし不相当に高額でない限り損金算入が認められています。

役員給与の損金不算入（法人税法34条抜粋）

34条1項

内国法人がその役員に対して支給する給与（退職給与で業績連動給与に該当しないもの、使用人としての職務を有する役員に対して支給する当該職務に対するもの及び第三項の規定の適用があるものを除く。以下この項において同じ。）のうち次に掲げる給与のいずれにも該当しないものの額は、その内国法人の各事業年度の所得の金額の計算上、損金の額に算入しない。

34条2項

内国法人がその役員に対して支給する給与（前項又は次項の規定の適用があるものを除く。）の額のうち不相当に高額な部分の金額として政令で定める金額は、その内国法人の各事業年度の所得の金額の計算上、損金の額に算入しない。

過大な役員給与の額（法人税法施行令70条抜粋）

法第34条第2項（役員給与の損金不算入）に規定する政令で定める金額は、次に掲げる金額の合計額とする。

…（略）…

二　内国法人が各事業年度においてその退職した役員に対して支給した退職給与（法第34条第1項又は第3項の規定の適用があるものを除く。以下この号において同じ。）の額が、当該役員のその内国法人の業務に従事した期間、その退職の事情、その内国法人と同種の事業を営む法人でその事業規模が類似するものの役員に対する退職給与の支給の状況等に照らし、その退職した役員に対する退職給与として相当であると認められる金額を超える場合におけるその超える部分の金額

実務上は、いわゆる功績倍率法（役員の退職の直前に支給した給与の額を

基礎として、役員の法人の業務に従事した期間及び役員の職責に応じた倍率を乗ずる方法により支給する金額が算定される方法）に基づいて支給する場合には、損金算入が認められることになります。

この功績倍率法による適正額の算定方法には一般に「平均功績倍率法」、「1年当たり平均額法」、「最高功績倍率法」があります。ただし、これらの計算方法は主として課税庁や裁判所等が判断する際に用いられる方法であり、実務上は同業の類似法人に関するデータを入手することの困難さやその選定の難しさ等があることから裁判に耐え得る適正額を支給時点において算出することは非常に難しいといえるのではないでしょうか。

そのため実務上は、以下のような計算式によって計算された金額により算出されることが多いと思われます。

最終報酬月額　×　勤続年数　×　役位別係数（※）
※代表取締役であれば3倍、平取締役であれば2倍、監査役であれば1.5倍といった係数が実務上用いられているケースも多い。

一般論としての役員退職金の適正額の算出はこのような考えの下に行われることも多いように思われますが、M&Aにおいては、以下のような特殊性があることが多いため、税理士としての意見を求められた場合にはより慎重に対応することが重要と思われます。

例えば、M&Aにより買収される会社は比較的業績が好調の会社であるため、役員報酬の月額が高額となる傾向があります。その結果、上記の計算式で算出された金額が高額となる場合があります。

また、役員退職金の適正額については役員の職責に応じた倍率の算定方法等が明確に定められていません。そのため、100%の確証をもって否認されることのない役員退職金の支給額を支給時点において算出し、助言することは実務上難しいのではないでしょうか。M&Aの特殊性として、買い手の立場として役員退職金の支給額を検討する場合には、長年関与している顧問税理士でないため、対象会社における過去の経緯等を十分に把握できないという点があります。そのため、安易に「○○までなら支給しても問題ありません」といったアドバイスをすることによるリスクも考慮する必要があります。

M&Aにおいて役員退職金を支給するケースは、同族会社がその一族の中で承継をしていく際に支給される役員退職金とは背景が異なり、また、金額も高額となりやすい傾向にあるため、安易に計算式に当てはめて試算するのではなく、原則に立ち返り「不相当に高額」となっていないかという点を十分に考慮することが大事かと思います。

(2) M&A実行後に分掌変更することで退職金の損金算入は認められるか

M&Aが実行される場合には、現在の役員は当然に退職することを前提に考えるかもしれませんが、実務では、「株式は取得したが、引き続き経営を行って欲しい」といったことや「株式の売却後すぐに会社から離れてしまうと現場や業務が混乱するため、一定期間の引継ぎ期間を確保してほしい」といった要望が買い手から上がることは少なくありません。

このように、買収後にも一定期間売り手が取締役として関与することはあるのですが、その際に役員退職金を支給できないかといった検討がなされることがあります。ここで実務上問題となってくるのが、「買収時点において、役員の分掌変更を行うことにより、退職金を支給することはできないか」という論点です。

役員の分掌変更による退職金の支給については法人税基本通達9-2-32において以下のように定められています。

法人税基本通達9－2－32（役員の分掌変更等の場合の退職給与）

法人が役員の分掌変更又は改選による再任等に際しその役員に対し退職給与として支給した給与については、その支給が、例えば次に掲げるような事実があっ

> たことによるものであるなど、その分掌変更等によりその役員としての地位又は職務の内容が激変し、実質的に退職したと同様の事情にあると認められることによるものである場合には、これを退職給与として取り扱うことができる。（昭54年直法2－31「四」、平19年課法2－3「二十二」、平23年課法2－17「十八」により改正）
>
> ⑴　常勤役員が非常勤役員（常時勤務していないものであっても代表権を有する者及び代表権は有しないが実質的にその法人の経営上主要な地位を占めていると認められる者を除く。）になったこと。
>
> ⑵　取締役が監査役（監査役でありながら実質的にその法人の経営上主要な地位を占めていると認められる者及びその法人の株主等で令第71条第1項第5号《使用人兼務役員とされない役員》に掲げる要件の全てを満たしている者を除く。）になったこと。
>
> ⑶　分掌変更等の後におけるその役員（その分掌変更等の後においてもその法人の経営上主要な地位を占めていると認められる者を除く。）の給与が激減（おおむね50％以上の減少）したこと。
>
> （注）　本文の「退職給与として支給した給与」には、原則として、法人が未払金等に計上した場合の当該未払金等の額は含まれない。

実務上は、この通達を受けM&Aの実行後に「売り手が代表取締役を退き非常勤の取締役となること」や「役員報酬を50%以下にする」といった対応をすることで、M&Aの実行時に退職金を支給することで問題ないかという検討がしばしばなされます。

しかし、本通達の改正の経緯や、判例等をみると、上記通達中の⑴から⑶はあくまで例示であって、「実質的に退職したと同様の事情にあると認められること」が要件として求められていることに十分に注意する必要があります。

例えば、⑶にあるように安易に役員報酬を50%以下にすることで退職金の損金算入が認められると判断するのではなく、その分掌変更等の後においてもその法人の経営上主要な地位を占めていると認められる場合には除外されている点を考慮すべきです。

(3) 実質的に退職しているか

上記の「分掌変更」の問題においても、最終的な損金算入の判断は「実質的に退職したと同様の事情にあると認められるか」ということが論点となります。

M&Aの実務においては、売り手の引継ぎ期間における処遇として上述のように取締役として残す方法のほか、「従業員としての雇用関係とする」ことや「外部の個人事業主として業務委託契約を締結し、引継ぎや業務の継続的な支援を行う」といった対応をすることがあります。これらのケースはいずれも「取締役」としての地位はM&A時点において退任しているため、当然に退職金の損金算入が認められるとも考えられますが、やはり実質的に退職したと認められないと判断されるような事情があったとすれば、否認される可能性はあるのではないかと思います。

ここで、どのような場合に実質的に退職したと認められないのかを、裁決事例や実務で実際に検討された経験等を基に下記に列挙しましたので、判断の参考にしてください。

- 稟議書や決裁書等の会社の意思決定に関与している場合
- 取締役の退任後も、引き続き取締役会や経営会議、営業会議等の重要な会議体に参加し、その意思決定に関与している場合
- 代表取締役等の業務執行者としての地位は買い手が就任しているが、買い手の役員等を兼務しており、対象会社への出勤日数がかなり限定的であり、売り手が引き続き従前と変わりなく経営権があるものと推認される場合
- 取引先との契約条件の交渉や、金融機関等との交渉の場に、売り手が立ち合い、折衝において一定の役割を果たしていると推認される場合
- M&A後においても従業員等の評価に関与している場合

・M&A後においても経費にかかる領収書や請求書等の確認を行っており、経理面において管理している状況にあると認められる場合

売り手が役員として実質的に退職したと認められないと税務当局に判断され、役員退職金の損金算入が否認された場合には、買い手にとって意図せぬ多額の追徴課税が生ずる可能性があります。したがって、売り手が役員を退職するということは、その後に対象会社の経営に携わらないということであるという原則を念頭に置き、形式的な要件を満たすことで実態を無視した判断に走らないようにアドバイスすることが重要です。

(4) 役員退職金と源泉税

M&Aにおける役員退職金の支給実務の特徴として、経営権の譲渡ともに役員の退任が実行され、退職金が支払われるといった一連の流れが同時に行われることが多いといったことがあります。

この場合、経理等の管理業務が買い手側に移管される前に、退職金の支給が実行されます。そのため、退職金の支給に当たって必要な処理が失念されてしまうことがありますので、買い手としてもその点に注意を向けることが必要です。具体的には以下のような点に留意する必要があります。

① 退職金の支給に当たって、源泉徴収が必要であることを失念しないこと

M&Aの条件交渉期間においては、退職金の額面支給額を基に交渉が進んでいくことが多くあります。その場合、売り手としては合意された額面額が念頭にあるため、M&Aの実行時においても額面で振り込み処理を実行してしまうことがあります。本来、役員退職金についても、支給対象会社において源泉徴収を行う義務があり、源泉徴収税額の控除後の金額を退職金として支給する必要があります。

この点、源泉徴収義務があるのは対象会社であるため、将来の税務調査等で、対象会社の源泉徴収義務違反が指摘され追徴課税される可能性がありま

す。あくまで源泉徴収義務があるのは対象会社であることから、源泉税の一時的な納付義務は対象会社にあり、対象会社が退職金を支給した売り手に対して返納を求めることが本来のあるべき処理となります。

しかし、M&A後しばらく期間が開いた場合に、買い手から売り手に対して連絡が取りづらくなることもしばしばありますので、退職金の支給時点においてこの点を双方で確認して退職金を支給することが重要です。

② 「退職所得の受給に関する申告書」を退職金支給前に売り手から受け取っておくこと

退職金の源泉徴収を行うに当たっては「退職所得の受給に関する申告書」を受け取っているか否かによって源泉徴収額及び退職金の受給者による確定申告の有無が異なってきますので、この点将来的に問題とならないためにも支給時点において双方で確認しておくことが重要です。

③ 法定調書の提出を失念しないこと

役員退職金を支給した対象会社は、税務署及び市区町村に法定調書を提出する必要がありますが、M&A直後は管理体制が変更される場合も多く、失念される可能性もありますので、その点買い手は留意しておく必要があります。

4 特定の事業のみを買収したい

買い手は、売り手の対象会社の全ての事業を買収対象とするのではなく、特定の事業のみを買収対象とすることがあります。

買い手が特定の事業を買収するための方法としては「事業譲渡」や「会社分割」という方法があります。以下では、これらの手法を使って買い手が売り手の特定の事業を買収するスキームの代表的な例を紹介していきます。

(1) 事業譲渡

事業譲渡とは対象会社の有する事業の全部または一部を一体として譲渡することいいます。事業には貸借対照表に計上されている資産や負債に加え、無形の取引契約、雇用契約、ノウハウ等も含みます。

事業譲渡

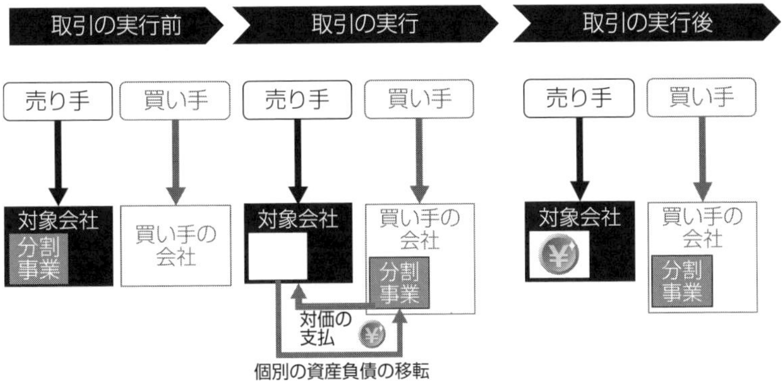

<table>
<tr><th colspan="2">特　　徴</th></tr>
<tr><td colspan="2">●売り手は事業の全部または重要な一部の譲渡となる場合には、原則として株主総会の特別決議が必要となる。
●買い手の会社は他の法人の事業の全部を譲り受ける場合には原則として株主総会の特別決議が必要となる。
●移転する資産等の複雑性にもよるが、通常手続は１か月程度で完了することができる。</td></tr>
<tr><th>メリット</th><th>デメリット</th></tr>
<tr><td>●移転する事業は移転元の法人格から切り離されるため潜在的なリスクからの遮断が可能となる。
●譲渡対象の資産・負債を自由に決定できる。</td><td>●資産負債の移転手続には個別の移転手続（債権者の承諾等）が必要となるため事務手続が煩雑となる。
●買い手の会社に直接事業が移転するため、事業に係るリスクを買収後は買い手の会社が直接負うことになる。
●資産・負債の移転は消費税の課税対象となる。
●譲渡対価は対象会社に入金されるため直ちに売り手の手取りとはならない。
●不動産取得税や登録免許税等が原則として課税される。
●許認可を引き継ぐことができない。</td></tr>
</table>

（2）分社型吸収分割

吸収分割とは対象会社（分割会社）から事業（資産・負債等）の一部または全部を切り出し、既存の会社（承継会社）に承継させる方法です。承継会社は分割会社より事業を承継し、対価として金銭等（金銭のほか、分割承継会社の株式を発行する方法等がある）を交付します。

なお、新設する会社に承継させることを「新設分割」といい、会社法に定められている会社分割には「新設分割」と「吸収分割」があります。

また、分割事業の対価を対象会社に交付する会社分割を、一般に「分社型分割」といい、対象会社の株主に交付する会社分割を、一般に「分割型分割」といいます。

そのため、分割事業を買い手の会社に承継し、対価としての金銭等を対象会社に交付する「分社型吸収分割」の方法によってM&Aを実行することがあります。

分社型吸収分割

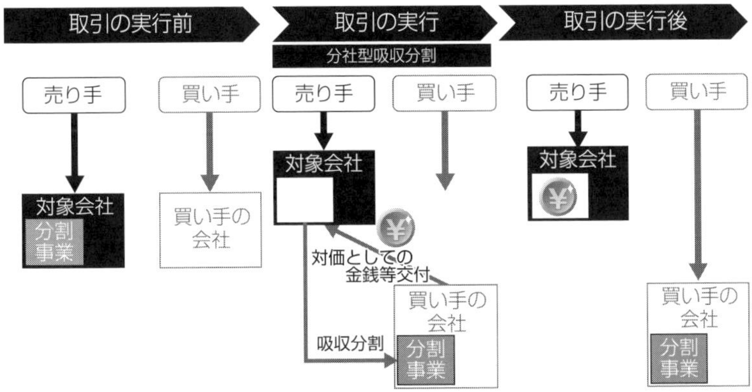

<table>
<tr><th colspan="2">特　　徴</th></tr>
<tr><td colspan="2">●売り手、買い手ともに原則として（※）株主総会の特別決議が必要となる。
（※）簡易分割制度や略式分割制度がある。
●会社分割の結果、分割対象の資産・負債は包括的に分割承継会社に引き継がれる。
●債権者保護手続や労働者保護手続が必要となり、通常手続は２か月程度必要となる。</td></tr>
<tr><th>メリット</th><th>デメリット</th></tr>
<tr><td>●分割法人に対する支配は維持したまま、譲渡したい事業のみ移転できる。
●事業の移転に関して個別の通知や承諾等の移転手続が必要ない。
●資産・負債の移転は消費税の課税対象とはならない。
●不要な事業やリスクの承継を回避できる。
●不動産取得税等の個別の資産移転に係るコストが安くなることがある。</td><td>●分社型分割の場合には対象会社に対価としての現金が渡ることになり売り手の手取りにはならない。
●買い手の会社に直接事業が移転するため、事業に係るリスクを買収後は買い手の会社が直接負うことになる。
●金銭のように分割対価を株式等以外とした場合には税務上非適格分割となり、移転資産・負債の時価評価が必要であり、分割法人で時価評価損益に対して課税される。
●労働承継法に基づく手続や債権者保護手続等が必要になり、一定程度の時間が必要となる。</td></tr>
</table>

(3) 分社型新設分割＋株式譲渡

上記(2)で説明した吸収分割は、買い手の会社自身が買収対象の事業や資産・負債、契約関係、雇用関係等を引き継ぐことになるため敬遠されることがあります。

そのため、対象会社（分割会社）から分割対象となる事業（資産・負債等）の一部または全部を切り出し、新設される会社（承継会社）に承継させ、新会社の株式を分割会社に割り当てるという分社型新設分割を行い、分割会社が分社型新設分割を行うことによって保有した承継会社の株式を買い手に対して譲渡する方法によってM&Aを実行することがあります。

分社型新設分割＋株式譲渡

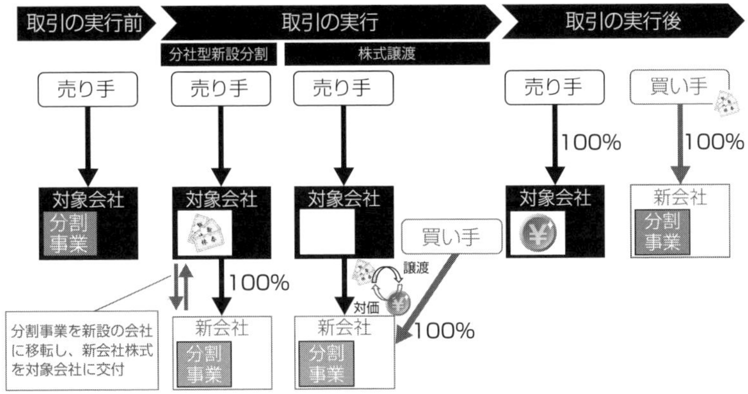

<table>
<tr><th colspan="2">特　　徴</th></tr>
<tr><td colspan="2">●売り手において原則として株主総会の特別決議が必要となる。
●会社分割の結果、分割対象の資産・負債は包括的に分割承継会社に引き継がれる。
●債権者保護手続や労働者保護手続が必要となり、通常手続は２か月程度必要となる。</td></tr>
<tr><th>メリット</th><th>デメリット</th></tr>
<tr><td>●分割法人に対する支配は維持したまま、譲渡したい事業のみ移転できる。
●事業の移転に関して個別の通知や承諾等の移転手続が必要ない。
●法人を買収するため事業に係るリスクを買い手の会社は直接的には負わない。
●資産・負債の移転は消費税の課税対象とはならない。
●不要な事業やリスクの承継を回避できる。
●不動産取得税等の個別の資産移転に係るコストが安くなることがある。</td><td>●分社型分割の場合には対象会社に対価としての現金が渡ることになり売り手の手取りにはならない。
●分割承継法人の株式を譲渡することを前提とする場合には税務上非適格分割となり、移転資産・負債の時価評価が必要であり、分割法人で時価評価損益が課税される。
●労働承継法に基づく手続や債権者保護手続等が必要になり、一定程度の時間が必要となる。</td></tr>
</table>

(4) 分割型新設分割＋株式譲渡

上記⑵⑶で説明した分社型分割は、買収対価が分割会社に支払われるため、売り手の要望により実現が難しいことがあります。

株式の譲渡対価を売り手が直接に享受する方法としては、「分割型分割」があります。分割型分割とは、対象会社（分割会社）から分割対象となる事業（資産・負債等）の一部または全部を切り出し、事業を承継した会社（承継会社）の株式を分割会社の株主に割り当てる方法です。

分割型分割においては、対象会社が保有する買収対象事業のみを新設会社に切り出すことが可能となるとともに、株式が売り手に割り当てられるため実務上のメリットが多いように思われます。分割型分割に係る税務を見てみると、2017年の税制改正以前は、M&Aによる分割事業に係る株式譲渡を前提とする場合には、組織再編税制における「非適格分割」と判別されていました。

分割型分割が非適格分割と判断された場合には、分割時に分割会社において分割による移転する資産及び負債を時価評価し、評価損益について課税されます。また、分割会社の株主については、分割時点において、みなし配当課税がなされます。非上場株式の配当所得に関する課税は原則として超過累進税率による総合課税により課税されるため、売り手の手取り額が著しく少なくなることから、実務上採用される場合は稀でした。

しかし、平成29年度税制改正により、2017年10月1日以後に行われる会社分割については、分割型分割における税制適格要件の緩和がなされており、分割型分割によった場合の「支配継続要件」について、分割後に同一の者と分割承継法人との間の支配関係の継続が見込まれることとされました。

すなわち、譲渡対象となる事業（資産・負債等）については分割会社に残し、不要な事業（資産・負債等）について分割承継会社に承継させ、その後分割会社の株式を譲渡することよって、税制適格要件を満たし、分割型分割は原則として「適格分割」と判断されることになります。実務においては、

2017年税制改正後は分割型分割を利用したスキームが徐々に増えてきています。

ただし、組織再編税制には、組織再編成により法人税の負担を不当に減少させる結果となると認められる場合には、法人の行為又は計算にかかわらず、税務署長の認めるところにより更正処分をすることができるという、いわゆる「包括否認規定」が設けられているため、その適格性に関しては慎重に判断する必要があります。

分割型会社分割＋株式譲渡

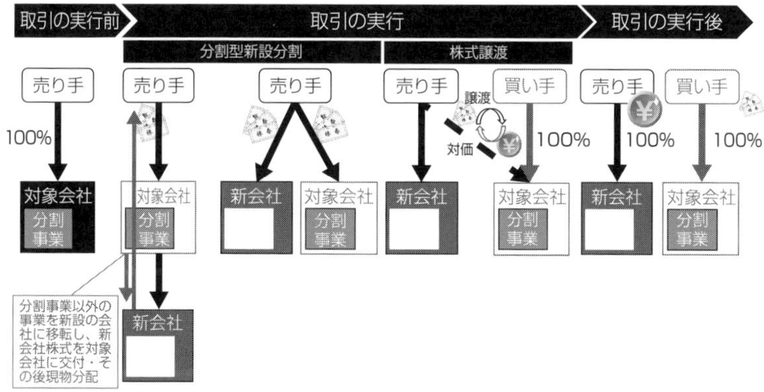

特　徴	
●売り手において原則として株主総会の特別決議が必要となる。 ●会社分割の結果、分割対象の資産・負債は包括的に分割承継会社に引き継がれる。 ●債権者保護手続や労働者保護手続が必要となり、通常手続は2か月程度必要となる。	
メリット	デメリット
●分割承継法人に対する支配は維持したまま、譲渡したい事業のみを株式譲渡により移転できる。 ●事業の移転に関して個別の通知や承諾等の移転手続が必要ない。 ●法人を買収するため事業に係るリスクを買い手の会社は直接的には負わない。 ●資産・負債の移転は消費税の課税対象とはならない。 ●分割会社の株式を譲渡する場合には、株主である売り手に直接対価としての現金が渡ることになる。 ●不動産取得税等の個別の資産移転に係るコストが安くなることがある。	●対象会社の株式を譲渡する場合には、買い手は旧法人格を引き継ぐことになるため、不要資産や偶発債務等のリスクを引き継ぐことになる。 ●労働承継法に基づく手続や債権者保護手続等が必要になり、一定程度の時間が必要となる。

+α ポイント

分割型分割

商法においては分割型分割が法律により定められていましたが、平成18年施行の会社法において、明文上は分割型分割に関する定めは廃止されました。ただし、会社法においても分割型分割は、分社型分割を行うと同時に、割り当て株式を株主に現物分配する方法によって実質的に分割型分割と同様の効果を得ることができます。

+α ポイント

組織再編税制

本書において詳細な解説は割愛しますが、組織再編税制とは、合併、会社分割、現物出資、株式交換、株式移転、現物分配などといった一定の組織再編行為における税務上の取り扱いを定めた制度をいいます。具体的には「組織再編成の当事者である法人の課税の取扱い」と「株主の課税の取扱い」に関して定めています。

〈組織再編成の当事者である法人の課税の取扱い〉

原則として、組織再編行為によって移転する資産・負債を時価で移転するものとして、譲渡損益に課税されます。ただし、組織再編成の前後で経済実態に実質的な変更がないと考えられる「適格組織再編成」に該当する場合には、移転する資産・負債は簿価で移転するものとして、課税が繰延べられます。

〈株主の課税の取扱い〉

原則として、株主が旧株式と引き換えに合併法人等の株式のみの交付を受けた場合は、株主の投資は継続されたものとして旧株式の譲渡損益に対する課税が繰延べられ、組織再編行為の対価として旧株式と引換えに合併法人等の株式以外の金銭等の交付を受けた場合は、株式の投資の継続性は認められず、時価により株式を譲渡したものとして譲渡損益に対する課税がなされます。なお、非適格合併及び非適格分割型分割の場合には、組織再編時においてみなし配当課税が生じます。

+α ポイント

平成29年度税制改正以前の分割型分割に係る税務

平成29年の税制改正前は、分割前において分割法人及び分割承継法人が同一の者との間に支配関係の継続がある法人相互の関係にあるときに、分割型分割が適格分割となるための「支配関係継続要件」について、分割後においても分割法人と分割承継法人との間にその同一の者による支配関係が継続することが見込まれることが要件になっていました。

+α
ポイント

非適格分割型分割におけるみなし配当

非適格分割型分割の場合には、分割法人の株主は、分割対価のうち分割法人の資本金等の額対応分を超える金額についてみなし配当として認識することになります。みなし配当については、所得税法上配当所得に分類されるため、超過累進税率による課税がなされます。なお、適格分割の場合には、みなし配当は発生しません。

実例 9 特定の法務リスクを回避するために買収スキームを変更した

K社は、関東にエステティックサロン20店舗を展開している会社である。K社では関西への進出を検討しており、その足掛かりとして関西において同じくエステティックサロンを4店舗運営するL社の買収を検討していた。

買収に当たっては、L社の全株式の取得によることを想定し、専門家に委託し財務デューデリジェンス及び法務デューデリジェンスを実施した。財務デューデリジェンスにおいては重要な指摘事項はなかったものの、法務デューデリジェンスにおいてL社における顧客との契約が特定商品取引法に照らして十分でない点と判断され、クーリングオフによる潜在的な債務があることが発見された。

顛末としては

K社は弁護士と相談した結果、株式譲渡の方法による買収ではリスクが高いことから、事業譲渡もしくは会社分割の方法によって買収することをL社に提案した。

K社からの依頼により、財務・税務の観点から事業譲渡によった場合、分社型新設分割によった場合の影響に関するシミュレーションを実施し、最終的に分社型新設分割により事業を新会社に分割した上で、株式を引き受けることとなった。

デューデリジェンスの結果により、買収スキームを変更することになった案件であった。

5　営業権（のれん）の税務

実務で見るM&Aの多くは株式譲渡のスキームが採用されています。株式譲渡は、シンプルでかつ手続が比較的容易に行われ、売り手にとって受け入れやすいというメリットがあるため、実務上多くみられていると思われます。

一方、買い手としては、取得した株式の取得原価は、仲介会社等に支払った手数料も含め、貸借対照表の子会社株式として計上されます。すなわち、買い手は対象会社の純資産に対して、一定の営業権（のれん）を付加して買収を行うことが多いですが、その営業権（のれん）について所得計算上は損金に計上することはできません。

+α ポイント

有価証券の取得価額

有価証券の取得価額は、その購入に直接要した代価に加えその有価証券の購入のために要した費用がある場合には、その費用の額を加算した金額とされています（法令119①一）。

また、デューデリジェンスの費用については税法上の明文化された定めはないものの、裁決事例等を参考にすると、一般に有価証券を購入する意図の下でデューデリジェンスの費用を支出した場合には、取得価額に算入されることになると判断されます。なお、この「有価証券の購入する意図」については、株式の売買契約の締結だけを指すのではなく、いわゆる基本合意書の締結や、二次入札参加の意思表明等により株式を取得することを決意したことと考えられます（平成22年2月8日付国税不服審判所福岡支部裁決、平成22年2月3日付国税不服審判所福岡支部裁決）。

買い手のアドバイザーとして関与する場合に、買収費用の一部を損金算入し、税務メリットを享受することができないか相談を受けることがあります。

単純な株式譲渡に関しては、株式の譲渡や会社清算等の一定の事由がない場合には損金算入できませんが、以下に掲げるようなスキームによる場合には、買収費用の一部を損金に算入できる場合があります。

・事業譲渡

・分社型吸収分割（税制非適格となる場合。なお、分割した事業に対する対価を分割承継会社の株式ではなく、現金等の金銭等で行った場合等には非適格分割と判断されます）

・新設分割＋株式譲渡（新設分割が税制非適格となる場合。新設分割後に分割承継後の株式を譲渡すると、株式継続保有要件を満たさないため、非適格分割と判断されます）

・吸収合併（税制非適格となる場合。現金対価の吸収合併による買収方法は、非適格合併と判断されます）

これらのスキームは単に株式譲渡を実行するのではなく、事業譲渡、会社分割、合併といった組織再編上の行為を行った際に対価を株式以外で行うことや、株式の継続保有を行わないということにより税制上の非適格と判定され、原則としてのれんも含めた時価評価が行われることによりのれん相当額の損金算入が可能となっているものです。

買い手の会計処理は、対象会社から買い手が引き受ける資産及び負債を時価で受け入れ、支払対価との差額がのれんとして計上されます。なお、税務上の負債調整勘定（退職給与負債調整勘定、短期重要負債調整勘定、差額負債調整勘定）が計上される場合もあります。

また、のれんについては資産調整勘定として、発生時より60か月間にわたり償却され、損金算入されます。

買い手の会計処理イメージ

借方	金額	貸方	金額
資産	2,200 （時価）	負債	1,300 （時価）
のれん	100 （差引）	現金等	1,000 （支払対価）

売り手の会計処理イメージ

借方	金額	貸方	金額
負債	1,300 （簿価）	資産	2,000 （簿価）
現金等	1,000 （支払対価）	譲渡損益	300 （差引）

なお、上記に掲げたスキームのうち事業譲渡についてのみ、譲受資産・負債のうち、消費税の課税資産があれば消費税が課税されることにも留意が必要です。

6　少数株主・所在不明株主対策

買い手が対象事業を買収する際に、対象会社に少数の所在不明株主や、一部の買収に対する反対株主がいる場合に、以下の理由から買収が頓挫する可能性があります

・買い手が完全支配権を獲得できないこと

・経営を円滑に行う際に、一部の株主の対応のために円滑な事務に支障をきたす可能性があること
・完全支配関係によって得られる税制上のメリットを享受できなくなる可能性があること

このような場合に、少数株主をいかに排除するかということが問題になります。一般論として、少数株主の排除方法には以下のような方法があります。買い手のリスク許容度、スケジュール、売り手の意向等を踏まえ、どのような方法によるか判断していく必要があります。また、これらの手続についてはいずれも法的な手続が関係することが多いので、状況によっては弁護士等法律の専門家の助言や支援を受けて進めるのがよいかと思います。

(1) 任意の買取り

単純に、買収に反対する少数株主から株式を買い取る方法です。株主の所在が不明である場合や、断固として応じない株主がいる場合には現実的な方法ではないこともあります。

(2) 所在不明株主の株式売却制度

M&Aに反対する株主の場合には利用できませんが、所在不明株主がいる場合には以下の2つの要件を満たす場合には会社が株式を売却することや、株式を会社が買い取ることができます（会社法196以下参照)。

①会社が株主に対してする通知または催告が、5年以上継続して到達していないこと
②その株式の株主が、継続して5年間剰余金の配当を受領されなかったこと

(3) 全部取得条項付種類株式

全部取得条項付種類株式とは、会社が株主総会の特別決議によってその全

部を取得することができる株式のことです（会社法171以下参照）。

全部取得条項付種類株式による少数株主の排除を行う場合には、①種類株式発行会社への定款変更のための決議②普通株式を全部取得条項付株式に変更するための決議③全部取得条項付株式の取得のための決議といった3つの特別決議が必要となり、実際の効力を発生させるためには、相当程度の手続の煩雑さと期間が必要です。

平成26年会社法改正により法制度が整備されたことによって、現在では全部取得条項付種類株式を用いるスキームではなく、後述の特別支配株主の株式等売渡請求制度や、株式併合による方法が利用される場合が多くなっています。

(4) 株式併合

株式併合とは、複数の株式を1つに統合することをいいます（会社法180以下参照）。少数株主の排除目的で利用される場合には、株式併合後の少数株主の保有株式数が1株未満となるような併合割合での株式併合を行います。そのことによって、少数株主の保有株式は1株未満となり（いわゆる端株）、端株は強制取得（一定価格での買取り）することになります。また、株式併合の実施には株主総会の特別決議が必要であり、これに反対する株主は買取請求権を行使することができます。この結果、少数株主を排除することが可能です。

(5) 特別支配株主の株式等売渡請求制度

特別支配株主の株式等売渡請求制度は、平成26年会社法改正により新設された制度で、自ら単独でまたは自らの100％子会社等とあわせて対象会社の総株主の議決権の90％以上を有する株主（特別支配株主）が対象会社の承認（取締役会設置会社の場合には取締役会決議、取締役会非設置会社の場合には取締役の過半数による決定）を受けた上で、対象会社の他の株主（少数株主）が保有する株式の全部の強制的な売渡しを請求できるという制度です（会社法179以下参照）。

(6) 現金対価株式交換

株式交換とは、完全子会社となる会社（対象会社）がその発行済株式の全部を完全親会社となる他の会社に取得させることをいいます（会社法2三十一）。この株式交換の実施に際して、完全子会社となる会社の株主に交付する交換対価を金銭とする方法のことを現金対価株式交換といいます。

このことにより、買い手は対象会社の株式を全て取得するとともに、対象会社の株主が自社の株主となることも防止できます。

平成29年度税制改正以前は、この方法によった場合には、金銭等不交付要件に抵触し、非適格株式交換と判定されていました。しかし、税制改正により、株式交換の直前に、株式交換完全親法人が株式交換完全子法人の発行済株式総数（自己株式を除く）の3分の2以上保有していた場合には、株式移転完全親法人以外の株主に金銭を交付しても、金銭等不交付要件には抵触しないこととなり、今後の利用が増えることが考えられます。

実例10 所在不明株主・買収に反対する少数株主の存在により買収スキームやスケジュールに影響

東北で代々運送業を営んできたＭ社では、昨今の事業環境や後継者が見つからないことから、先代から引き継いだ会社ではあるものの、M&Aによる会社の売却を検討していた。

Ｍ社の株主は数回の相続を経てＭ社の社長の他、叔父や遠縁の親族等複数名の株主に分散していた。M&Aに当たってＭ社社長は、条件等が変更になる可能性があるためM&Aが確定的になるまで、その他の株主への本件の開示は行わないこととした。また、その他の株主は会社経営に直接関与しておらず、また過去に会社の経営等に関した意見等も行っていないことから特段株式の売却に関して障害にはならないであろうと考えていた。

M&Aの検討を進めて間もなく、買い手候補となる企業があらわれ、デューデリジェンスが行われた。デューデリジェンスの過程で、M社の設立から現在の株主に至るまでの過程で、1%の株式を保有する株主の所在が不明であることが判明した。

また、デューデリジェンスの終了後にM社社長からその他の株主に対して、本件を開示し保有株式の売却に関する相談をしたところ、1名の株主が売却価額に関して低すぎるとの意見を示し、売却に反対した。

顛末としては

所在不明株主が存在することにより、買い手からは、買収スキームを単なる株式譲渡ではなく株式移転の方法で一旦持ち株会社を設立した後に、新設会社から株式譲渡するスキームを提案された。このスキームによった場合には、追加で株式移転に関する費用と法的な手続を行うための時間を要することになるが、M社の管理が不十分であることから受け入れることとなった。

一方、反対していた株主については、その後M社社長がM&Aの必要性や会社の置かれている状況等を説明し粘り強く交渉した。それでも、なかなか理解を得ることができず、ようやく同意にこぎつけたのは交渉を始めてから、半年以上も経過してからとなってしまった。

幸い買い手は非常に友好的な相手であったため、買収検討を始めてからかなりの期間が経過してしまったにもかかわらず、条件の変更もなくM&Aの実行に移ることができた。

結果として、買い手との間でM&Aの検討が始まってから1年を超える期間かかってしまったが無事にM社のM&Aが実行されることとなった。

歴史が長い会社や、株主が分散している会社の場合には、M&Aの検討を進めるに当たって事前の整理を慎重に行うべきであることを実感する事案であった。

M&A後における関与　05

買い手の立場に立ちM&Aに関与する場合には、M&Aの実行までに、買い手のM&Aの目的や対象会社に関する様々な情報、対象会社が有する課題、買い手における問題意識等に触れる機会を得ることになります。M&Aの成立後においては、例えば以下のような形で引き続き業務として関与することが可能かと思います。

・買い手が実施する統合作業（PMI）の推進や業務進捗管理等の実施
・対象会社の決算支援（会計方針の変更や決算スケジュールの早期化等）
・対象会社の税務顧問
・連結決算体制の構築及び連結財務諸表の作成支援
・親会社への報告制度の構築支援
・対象会社における内部管理体制の構築支援
・M&A時に策定されていた事業計画のモニタリング

買い手にとっては、M&Aで買収したその瞬間がM&Aのスタートになります。買収検討時に期待していた相乗効果の実現や、課題の解決等、買収後にも買い手が行わなければならないことは多くあり、私たち税理士としてM&Aの実行段階に関わったことをきっかけにより深く買い手の支援を実施していくことが期待されます。

なお、中小企業は、2022年3月に「中小PMIガイドライン～中小M&Aを成功に導くために～」を策定、公表し、中小M&Aを成功に導くための取り組みを整理し、ガイドラインとしてまとめていますので、実際に業務を行う場合には参考にされると良いと思います。

実例11 買収後の統合作業の失敗

N社は、北陸で建設業を営む会社である。N社は後継者不在であり、社長が高齢化していたことから、事業承継の一環として九州で同様に建設業を営むO社にその発行済株式の全てを譲渡した。

しかし、O社も中小企業であり、買収直後にN社の社長を務めることができるような人材は社内におらず、またN社とO社は地理的な制約があるため、M&A後においても、当面の間は引き続き売り手がN社の社長として経営することとなった。

その後、N社では引き続き売り手が経営を行っていたが、買収前と同様にO社の同意を得ることなく自己の判断で高級物品の購入や、会社の口座から私的経費の支出を行っていた。

このような状況下で、売り手であるN社とO社の社長は上記の意図を確認するとともに今後の方針についての協議を続けたが、双方納得のいく決着とならず不調に終わった。

顛末としては

このままでは、会社の価値が毀損すると判断したO社は、即時に臨時株主総会を開催し、売り手を取締役から解任し、O社の社長がN社社長を兼務し経営をすることとした。売り手は解任された後も、N社に現れ従業員等に干渉する等により業務を妨害していた。結果としてO社は、弁護士に相談し、訴訟を提起して争うこととなった。

M&Aは、その成約が目的ではなく、M&Aにより実現しようとする本来の目的を見誤ってはいけないことを実感する事例であった。M&Aの実行はゴールではなくスタートである。M&Aの実行により安心するのではなく、M&Aの実行後すぐにその本来の目的実現にむけて動きだしていくべきであった。

N社のケースにおいては、O社はN社を買収したのであるから、その後の経営について売り手に依存すべきではなく、自らの管理下において経営できる体制を早急に構築すべきであったし、売り手の協力を得られるのであれば、そのコントロールの方法や報告等のルールについてあらかじめ定めておくべきであった。

第3章

顧問先がM&Aの売り手となった場合

顧問先から会社を売却したいと相談されたら 01

顧問先から会社の売却を相談された時にどのように対応すべきでしょうか。税理士としては「売り手の顧問税理士＝M&A実行後に顧問契約が解除」ということが頭をよぎり、積極的に関与やアドバイスを行わないような事例も多く聞きます。

しかし、顧客から信頼され相談されるということは税理士としてのチャンスともいえます。

以下ではM&Aのフェーズごとに売り手の立場として支援ができることをまとめています。これらの各フェーズで適切な対応をすることで、顧客からの信頼をより強固なものとすることができます。

1　M&A戦略の立案・ターゲットの選定

M&Aの売り手候補となる会社に対して支援を行う場合には、例えば以下のような観点でアドバイスをすることが考えられます。

まず、会社売却の相談をされた場合には、M&Aにより会社の売却をしようと思った背景を確認することから始めるとよいと思います。漠然とM&Aを思いついたという場合もありますし、知り合いの社長が会社を売却して引退し多額の現金を手に入れたという話を聞いたので自分もと思っただけかもしれません。

中小企業においてM&Aは事業承継の出口戦略の1つとして有効なものではあります。一方で、出口戦略については会社経営者として他の選択肢も含め慎重に検討し、最適解を導き出すことも重要です。私がM&Aを検討しているということで実際に話を聞く多くの場合でも、まずは「M&Aありき」にならないよう、会社の状況や、親族や後継者の有無、経営者としての将来のビジョン等を聞き、本当にM&Aにより売却を目指すかどうかということからお話します。

実際に、M&Aにより相手を探した結果、価格交渉により当初想定より買収金額が下回り、その結果出口戦略として廃業を選択していた場合の会社の清算価値を下回る対価しか得られなかったという事例もあります。

また、売り手の立場としてM&Aに取り組む場合には、上記のようになぜ売却するのかという点を明確化するとともに、譲れない条件・価格等についても十分に検討を進める必要があります。会社の状況や売り手個人の状況は多種多様です。個々の状況やオーナーの価値観を踏まえたうえで決めていくことになります。

M&Aの目的を定めたら、次に、適合する相手を探索することになります。M&Aの売却先となる企業を探す方法には、買い手のケースと同様にM&Aのアドバイザー同士のつながりで探す方法、M&A仲介会社を使う方法、経営者の独自のネットワークで探す方法、M&Aのマッチングサイトで探す方法等様々なものがあります。アドバイザーや仲介会社、マッチングサイト等には着手金や利用料が発生することもあるため、どのような方法で探すかをそれぞれのメリットやデメリット、特徴等を説明した上で売り手に対してアドバイスすることになります。

M&A先の探索プロセスにおいては、自社の価値をいかにアピールしていくかによります。想定される買い手候補企業によって、自社の価値をどのように評価してもらえるのかは異なります。例えば、同業か異業種か、特定の知的財産や立地、人材等を確保したいのか等のように買い手の価値観もまちまちであるため、想定される買い手候補が自社に対して評価をしやすい情報を早い段階で提供できることが重要です。このような情報は、企業概要書等の形で取りまとめられるケースが多いですが、売り手としてその価値を積極的に主張していくために、この作成に私たち税理士が客観的な視点で作成の補助やアドバイスをしていくことが考えられます。

この段階において、滞留債権や滞留在庫、関連当事者取引、簿外債務等の後々のデューデリジェンス等で発見され問題となるような事項が把握できているのであれば、あらかじめ情報として提供することが、後々の交渉を考えた場合には重要です。すなわち、織り込み済みの情報としておくことで最終契約前の減額交渉となるような要素を排除することになります。ここでも財務の専門家としての私たち税理士が関与することの価値があることだと考えます。

2　初期交渉・プレデューデリジェンス・予備的価値評価

上記のプロセスを経て、ある程度絞り込まれた買収候補先との間で、トップ面談等を通して、買い手はさらなる情報開示要求や質問等を行ってきます。この段階においても、私たち税理士が財務面において積極的に関与することができるかと思います。

特に、この段階では売り手側としては経理の実務担当者まで情報を開示していない場合が多くあります。守秘義務を有している私たち税理士が、関与することで正確な情報を伝えることができ、これも後々のデューデリジェンスの過程でサプライズとなるような事項をできる限り減らすということに寄与してきます。

また、この段階において、買い手候補企業から買収価額に関する条件が示されることになります。この買収価額に関しても私たちに意見が求められることがありますので、買い手がどのようなところに価値を評価し、どのようなロジックにより価格を提示し、事実誤認等で過度に低い価格となっていないか等の視点でアドバイスをすることは売り手にとって有用であると考えられます。

なお、売り手は、初期的な交渉段階から税理士等に関与を求めてくることがありますが、いわゆる「非弁行為」となるような役割を行わないように注意が必要です。

3　基本合意・意向表明

買い手候補との初期的な交渉過程を経て、基本的な条件が固まってきた時点で、買い手との間での基本合意書の締結や、意向表明書の差し入れを行う際に、私たちに意見を求められることがあります。当初から想定している条件が十分に織り込まれているか等についてアドバイスすることがあります。

また、実務に携わっていると、基本合意で提示された買収条件は絶対的なものであると勘違いをしている売り手がいます。基本合意段階においては、先方は限定的な情報を基に前提や仮定をおいて条件を提示してきています。そのため、その後のデューデリジェンス等により、最終契約までには、各種の条件等が変わることは十分にあります。このような事項をきちんと売り手に伝え、正しい理解を促すという役割も私たち税理士が担うことができる領域ではないでしょうか。

この時点においても前述と同様に「非弁行為」となるような役割を行わないように注意が必要です。

4　デューデリジェンスの実施・企業価値評価の実施

デューデリジェンスの段階において、私たち税理士が果たす役割は大きいと考えています。デューデリジェンスは、買い手が弁護士や公認会計士、税理士等の専門家を起用し、短期間で様々な視点で調査を進めていきます。売り手の立場からは、短期間に大量の資料提出や質問等がなされるため、大きな負荷がかかることになります。

また、依頼される資料や質問内容は専門的な領域に関わるものであることも多く、売り手オーナーだけで対応することが難しい場合も多くあります。こと中小企業においては、十分な管理体制が構築されていない場合も多く、デューデリジェンスの対応において誤った資料の提出や誤解を生むような回答をしてしまうことで、買い手にいらぬ心配を与え、場合によってはM&Aの取引自体が破談になるということもあります。

中小企業のM&Aにおいては、デューデリジェンスは財務に関するものが中心となる場合が多く、私たち税理士がこの段階で資料の準備や質問対応等を支援することで円滑にデューデリジェンスを進めていくことが可能となります。詳細な支援内容については後述の4.で説明しています。

5　条件交渉・契約締結・クロージング（決済）

デューデリジェンスが終了すると、いよいよ買収の最終段階に入ります。買い手は、デューデリジェンスによって発見された事項等について契約交渉材料として提示してくる場合があります。デューデリジェンスが短期間に限定された情報を基に行われるため、この発見事項が事実誤認に基づくものであることも少なくありません。そのため、契約条件交渉時に提示された事項について財務・税務の専門家としての意見を求められることがあります。

また、契約書の条項によっては、今後の会計処理や、税務上の取扱い等に影響するような事項もあるため、その観点から契約書をレビューすることも売り手にとっては有用です。

6　統合段階

本章の冒頭にも述べましたが、M&A各プロセスにおいて、私たち税理士が適切な対応をすることで、買い手からも売り手からも信頼を得ることができ、M&Aの成立後に顧問契約が解除とならない場合も多くあります。

統合段階においては、当初想定していたM&Aの目的を達成するような買い手と買収対象会社との間で様々な検討や作業が行われます。この段階において、買い手のアドバイザーが関与して進めていくこともありますが、長年対象会社に対して関与してきた私たち税理士がここでも力を発揮し、今まで以上に対象会社に対して関与していく機会が増える可能性があります。例えば、財務効率化や、業務効率化、親会社への報告体制の構築、月次決算体制の充実化等、私たち税理士がアドバイザーとして力を発揮できる領域が多々あるのです。

実例 12 M&Aによる対価が清算価値を下回ることに

関東で産業廃棄物の処理事業を行うP社は、人材不足から近年目立った営業活動ができておらず、業績は縮小していた。また、社内に後継者となるような人材もいないため、P社の社長は、事業の売却もしくは清算を検討していた。

そのような中で、P社と事業関連性が強く取引先や従業員の現状での引継ぎを前提とした買い手候補企業があらわれた。買収金額については、高い水準ではなかったがP社社長は早期の事業承継が必要と考え売却を決断した。

その後、P社は買い手よりデューデリジェンスを受け、財務上の課題が発見された。買い手からは価格交渉がされたが、減額幅も極端に大きくないことからP社社長は従業員の雇用条件の維持と事業の継続という点を重視し、応じることとした。

条件の大筋合意をしていく中で、P社の顧問税理士に買収の事実を開示し、譲渡契約等のドラフトのチェックを依頼したところ問題が生じた。P社の顧問税理士が譲渡対価の額を踏まえ、P社社長の手取り額を計算したところ、仮にP社を清算した場合に得られたであろう税引後の配当額を下回る可能性が高いことが判明したのである。

顛末としては

上記のような事実が判明し、P社社長は一旦再検討する時間が欲しい旨買い手に伝え、買収交渉は一旦棚上げとなった。

その後、P社の社長は最終的に自身の手取り額が減ることになるとしても、従業員等の雇用維持等の条件があることからM&Aによる売却を行うこととした。

本来であれば、案件の初期段階から清算との比較でM&Aという選択肢を検討すべきであり、清算による手取りと同額になるM&Aによる売却額がいくらであるかということを念頭において検討すべき事例であった。

実例13 株式譲渡契約締結の直前になり売り手の決意が揺らぎ破談に

関西で中古車販売業を営むQ社は、社長が1代で売上高60億円、経常利益5億円の会社まで成長させてきたが、Q社の社長には、Q社の後継者となるような親族はいない状況であった。

Q社の社長は会社の存続、事業継続ということを考え、株式を後継者候補に譲渡することを念頭に置き検討を開始した。当初は社内の従業員への承継を検討していたが、Q社の利益や純資産の状況に鑑みると株価が相当程度高額になるため、後継者候補による資金の確保が難しく実行できない状態であった。

そこでQ社社長は、アドバイザリー会社を通してM&Aによる相手先を探すこととした。M&Aの相手先としては投資ファンドが候補として挙がっており、経済条件等も概ね合致する状況であったことから、デューデリジェンスのフェーズに入った。

デューデリジェンス自体は順調に進んだものの、デューデリジェンスの途中から最終交渉にかけて、Q社の社長から直近決算業績が良いことに伴う譲渡対価の増額や、会社が保有していた特定の収益物件の自身への譲渡、譲渡後の経営権の維持、人事権や大幅な裁量権の維持といったような要求が、五月雨式に打診された。

顛末としては

デューデリジェンス前に双方で交わされた基本合意の内容に関して、買い手候補は真摯に本件を検討していた。しかし、買い手としては譲渡後の一定期間をQ社社長に引き続き社長として経営を継続して任せる予定であったところに度重なる条件変更の打診を受け、Q社社長に対する不信感が募っていった。

結果として、買い手候補はこのような状況・条件で買収をすることはできないと判断し、本件M&Aは破談に終わった。

本件は、売り手がM&Aによる経営権の譲渡ということを具体的にイメージできないままM&A交渉に入ってしまったために、M&A後の会社の姿が具体的に見えていくにつれ、売り手が追加的に要求する事項が増えてしまった事例である。売り手は長年かけて会社を築き上げてきたという思いが強く、いざ会社を手放すということが現実味を帯びてきたときに、決断が鈍ることがM&Aの実務では時折みられる。

このようなことが起きないように、事前にM&Aで会社を売却するということの意味をできる限り具体的にイメージさせるということが必要であるとともに、その難しさを痛感する事案であった。

売り手目線に立ったM&Aスキームを考える　02

1　売り手の視点

売り手目線でM&Aのスキームを検討することになった場合にはどのような視点で考えていくべきでしょうか。例えば、以下のような点を考慮することが考えられます。

- ・少しでも手取り額が多くなるようなスキームはないのか
- ・特定の資産に関しては会社の売却後も保有し続けたいがよい方法はないのか
- ・今後の経営に関与するにしてもインセンティブが欲しい
- ・特定の事業のみを売却したいが、売却対価は自分の手取りとしてほしい

買い手のスキーム検討で説明したように、M&Aのスキームは一方の意見のみで決まるものではなく、売り手と買い手の交渉によって決まるものです。そのため、必ずしも売り手の要望通りのスキームとなるわけではありません。また、売り手が重要と考える事項についても、売り手の事情によって異なります。このような背景の中で、売り手にとって取り得るスキーム、最適のスキームというものは、案件によって異なってきます。売り手目線でスキームの支援をする場合には、売り手が何を考え、重視しているのかを理解することが必要です。

また、買い手のスキーム検討と同様に私たちが、売り手からスキームの検討を依頼された場合には、唯一の最適なスキームとして私たちの立場から提示することは避けたほうがよいと思います。M&Aにおいては、スキームのあり方1つで対価の金額や税額、その他の影響が大きく異なることが多くありますので、業務の受注に当たって業務内容や責任範囲については、より慎重に検討することが重要です。

実例14 売り手が株式譲渡契約前に先行して行った作業が無駄になってしまった

冷凍食品の製造業を営んでいるR社では、事業承継問題の出口戦略としてM&Aを検討し、M&Aのアドバイザリー会社との間でアドバイザリー契約を締結し、相手先を探すこととした。

R社では本業の他に、冷凍食品製造事業に直接関係のない収益不動産を複数保有していた。M&Aアドバイザリー会社と相談の上、当該不動産については本業とは直接関係のないものであることから、分割型分割を実施することで本業と切り離した上で、R社オーナーの財産として残すようなスキームで進めることとした。

そのような中で、買い手候補企業があらわれ、基本合意の締結に至った。R社では、M&Aがほぼ確実になってきたことから、会社分割には一定の手続のための期間が必要であるため、デューデリジェンスと並行して、諸手続を進めることを独断で決定し、手続を進めた。

しかし、最終交渉の段階になって、買い手候補から、想定外の事実がデューデリジェンスで発見されたことからM&Aに関して辞退したい旨が伝えられ、本件は破談となった。

顛末としては

M&Aは破談となってしまったが、R社が事前に独断で進めていた会社分割の手続は完了してしまっていた。今回の件を受けてR社の社長はM&Aにこだわらず、事業承継戦略自体を再検討することとした。

R社からみた場合に本件を通して収益不動産を分割しただけという結果となった。収益不動産の分割は、M&Aに伴う必要性以外はなかったため、この結果は分割に要した費用及び今後の会社維持費用が従前に比べ余計にかかることとなった。なお、一度行った分割の効力を取り消すことは難しいと考えられる。

本件については、早期にM&Aを実施しなければならない特段の事情がない限り、会社分割は譲渡契約締結後に行えばよかった事項であり、R社からすればよかれと思い実行したことが裏目に出てしまった事案である。

2　株式の譲渡対価と役員退職金の支給

第2章04の3ではM&Aの対価の一部を役員退職金として支給するメリットを述べましたが、売り手にとってもM&A対価の一部を役員退職金として支給することは、以下のようなメリットがあります。

(1) 税負担の最小化

売り手が、M&A対価の一部を株式の対価ではなく、退職金として受け取ることの最大のメリットは、税負担を最小化し、対価の手取り額を最大化することです。

株式譲渡を行った場合には、総収入金額（譲渡価額）から必要経費（取得費＋委託手数料等）を控除した株式譲渡所得に対して、一律に20.315%（所得税及び復興特別所得税15.315％、住民税5％）を乗じた額を申告し納付する必要があります（申告分離課税）。このように、株式譲渡所得については所得金額の多少にかかわらず一律に一定の税率で課税されるという特徴があります。

なお、2023年税制改正において極めて高い水準の所得について最低限の負担を求める措置（ミニマムタックス）の導入がなされました。これは、年間所得が1億円を超えると、所得が多い人ほど所得税と社会保険料の負担率が低下するという現象が起きていることを受けて、超富裕層に対する課税を強化するといったことを目的に税制改正が行われ、2025年以後の所得税について適用されることとされました。

改正法では個人でその者のその年分の基準所得金額が3億3,000万円を超えるものについては、当該超える部分の金額の22.5%に相当する金額からその年分の基準所得税額を控除した金額に相当する所得税を課することとするとされています。

具体的な計算については、以下の通りとなります。

① 最低所得税額

(基準所得金額－3.3億円)×税率 22.5％

② 通常方法で計算された所得税額

③ 追加税額

①＞②の場合には、差額を追加納税する

少し複雑な計算式になっているため、譲渡所得のみ発生し、各種所得控除等を考慮しない場合を仮定してシミュレーションしたところ、以下の表のとおり、基準所得金額が9.9億円を超えた場合には、本税制による影響を受けることとなります。実際には他の所得の影響もあるため譲渡所得が9.9億円以下の場合にも影響が出てくることになりますので、その点を留意して納税予測をすることになります。

【2023年税制改正】極めて高い水準の所得について最低限の負担を求める措置（ミニマムタックス）の導入による影響

	ケース1	ケース2	ケース3	ケース4	ケース5	ケース6
基準所得金額	500,000千円	990,000千円	1,000,000千円	5,000,000千円	10,000,000千円	20,000,000千円
15%	75,000千円	148,500千円	150,000千円	750,000千円	1,500,000千円	3,000,000千円
(基準所得金額−3.3億円) x22.5%	38,250千円	148,500千円	150,750千円	1,050,750千円	2,175,750千円	4,425,750千円
追加納税	0千円	0千円	750千円	300,750千円	675,750千円	1,425,750千円
所得税	75,000千円	148,500千円	150,750千円	1,050,750千円	2,175,750千円	4,425,750千円
復興税	1,575千円	3,119千円	3,166千円	22,066千円	45,691千円	92,941千円
住民税	25,000千円	49,500千円	50,000千円	250,000千円	500,000千円	1,000,000千円
合計税額	101,575千円	201,119千円	203,916千円	1,322,816千円	2,721,441千円	5,518,691千円
20.315%	101,575千円	201,119千円	203,150千円	1,015,750千円	2,031,500千円	4,063,000千円
税制改正による影響額	0千円	0千円	766千円	307,066千円	689,941千円	1,455,691千円
基準所得に対する税負担率	20.315%	20.315%	20.392%	26.456%	27.214%	27.593%

※分離課税で税率15%を適用するものと仮定し、各種所得控除は考慮しないで計算

一方、退職金については、原則として、以下のように計算された退職所得に対して、他の所得と分離して超過累進税率により所得税等を計算します。

退職所得の金額

$$=（収入金額（源泉徴収される前の金額）-退職所得控除額）\times \frac{1}{2}$$

次の図表で示すように、「譲渡所得」と「退職所得」では、所得に対して一

律の税率を乗ずるか、超過累進税率で乗ずるかといった税率差があります。すなわち一定額以下であれば、退職所得の方が譲渡所得の税率を下回るのです。

また、退職所得については退職金の額から「退職所得控除額」を控除し、かつその残額の2分の1に相当する金額（役員等としての勤続年数が5年以下の者（特定役員等）が、その役員等勤続年数に対応する退職手当等として支払いを受けるものについては除く）に対して税率を乗ずることになるため、実質的な税負担率は2分の1以下になります。ただし、超過累進税率の最高税率は55.945%であり、2分の1だとしても約28%となり、譲渡所得に対する税率を上回りますので、全て退職金として支給することが安易に手取額の最大化となるわけでなく、一定金額を超えた時点で株式譲渡対価として受領した方が有利となります。

また、実務上は損金算入限度額との関係もあり、必ずしも手取り額が最大化するような退職金の支給額とならない場合もあります。あくまで、株式の対価と退職金とのバランスは買い手と売り手との交渉によって様々な要素を考慮して決定されるということを念頭に置く必要があります。

私たち税理士には、どの程度の退職金の支給額とすれば手取り額が最大化するのかシミュレーションを求められることもあります。また、売り手の立場としてM&Aに関与している場合には、もし役員退職金の支給を検討していないようであれば、メリットを説明し検討することをアドバイスするとよいと思います。

譲渡所得と退職所得にかかる税負担の比較

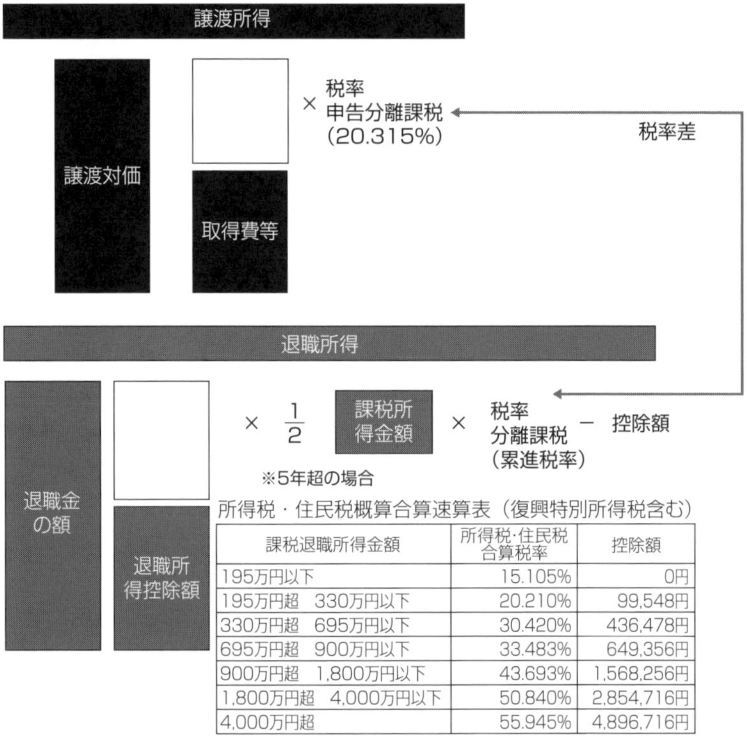

所得税・住民税概算合算速算表（復興特別所得税含む）

課税退職所得金額	所得税·住民税合算税率	控除額
195万円以下	15.105%	0円
195万円超　330万円以下	20.210%	99,548円
330万円超　695万円以下	30.420%	436,478円
695万円超　900万円以下	33.483%	649,356円
900万円超　1,800万円以下	43.693%	1,568,256円
1,800万円超　4,000万円以下	50.840%	2,854,716円
4,000万円超	55.945%	4,896,716円

(2) 株式の分散による対価の分散回避策

役員退職金は特定の役員に対して任意の額を支給することができます。

例えば、売り手の会社の株主が代表者以外にも一定数分散している場合には、売り手となる代表者の心情としては、会社の企業価値向上に最も貢献してきたにもかかわらず、持株比率によって均等に買収対価が配分されることに納得できないことがあります。この場合、まさにこれまでの業務執行の対価として役員退職金を一定額支給することによって代表者の不公平感を排除することができることがあります。

ただし、他の株主がこの事実を知った場合に株式譲渡の拒否や、自身の株式の譲渡対価の増額を求めてくることもあるため、株主間の紛争とならないような配慮も必要です。

+α ポイント

役員退職金の損金算入限度額

第2章04の3でも説明しましたが、買い手にとって役員退職金を支給するメリットとして対象会社における損金算入による税効果を得ることができることがあります。

しかし、役員退職金の適正額については税法上明確な計算方法が示されているわけではなく、判例等で用いられている功績倍率法によったとしても、その計算過程には種々の判断が必要となります。買い手としては、対象会社における過去の経緯等がわからないことや、買収後の税務調査時に顧問税理士とともに退職金の適正性を主張することになるため、M&Aの検討過程でしばしば売り手の顧問税理士に対して「税務上問題とならない、役員退職金の損金算入限度額の試算をお願いします」といった依頼や「M&Aの実行時の役員退任時に支給する退職金について、功績倍率を3倍としておけば問題ないでしょうか」といった質問がなされることがあります。

私も過去にこのような質問や依頼をされたこともありますが、私たち税理士にとって非常に悩ましい質問・依頼ではないでしょうか。

第2章04の2でも説明していますが、役員退職金の計算方法や支給倍率に絶対的、画一的な基準はなく、あくまで「同種の事業を営む法人でその事業規模が類似するものの役員に対する退職給与の支給の状況等に照らし不相当に高額でない」という判断になるため、どのように検討をしたとしても税務上の否認リスクをゼロであると断言することは難しい論点になります。M&Aの実行後は買い手の新たな経営体制のもとで信頼関係を一から構築していく必要があるため、回答には細心の注意を払い、買い手や売り手に誤解を与えないようにすることが重要です。

実例15 買い手の業績悪化により買収対価の一部が未払いに

介護事業を営むS社は、小規模ではあるものの2施設を運営している。小規模な会社ながらM&Aによる事業承継を検討していたところ、S社と同様に介護事業を営む買い手とマッチングし全株式の売却が成立した。

買収の条件としては、売り手が保有する株式の全株を譲渡するとともに、2年間の引継ぎ期間後に一定の退職金を受給することになった。その後、株式譲渡代金について、譲渡時に無事決済され、経営面においても特段混乱は生じず、新体制による経営がスタートした。

しかし、オーナーチェンジ後1年が経過し、S社を取り巻く環境に異変が起きた。買い手が突如業績不振により、破産を申し立てたのである。S社の剰余金についても買い手に貸し付けられており、S社の事業運営にも影響を及ぼしている。

顛末としては

親会社の破産は、グループ全体への与信不安、資金繰りの悪化、人材の流出につながり、数か月後にはS社も事業が休止される事態に陥った。

売り手は、株式の譲渡後は代表取締役からは外れるものの、引継ぎ期間は取締役として勤務していたが、このような状況を受け、結果的には引継ぎ期間を満了せず引退という形になった。

また、M&A時に約束していた役員退職金の支給についてはS社の財政状態を踏まえると支給することは事実上不可能であった。また、株式譲渡契約の債務不履行として親会社である買い手に損害賠償請求しようにも買い手自身も破産手続きに入っており、事実上の回収は難しいと思われる。

結果として、S社社長はM&Aにより、自らが創業した会社を失うのみならず、当初想定した経済的対価すらも得られないといった結果になった。

きわめて稀なケースではあると思われるが、特に中小企業同士のM&Aにおいて、対価の一部を退職金や分割払い等の方法で繰り延べる場合には、本実例のような回収不能リスクもあるということを改めて思い知った事案であった。

3　アーンアウト（条件付取得対価）

(1)　目的

アーンアウト（条件付取得対価）とは、M&Aにおける契約対価の調整方法をいい、契約締結後の将来の特定の事象または取引の結果に依存して、M&A後に対価の一部を追加的に交付されるもしくは返還される取得対価をいいます。

M&Aにおいては、買い手は短期間かつ限定的な情報、不確実性を有する情報を基に、買収価格を決定しなければなりません。買い手が、一定のリスクを回避するためや、売り主の要望に応えるため、その他の背景を踏まえ、一定条件を満たした場合には一定の時点で追加の対価を支払う旨を妥結することがあります。以下、アーンアウトが導入された事例を見ていきたいと思います。

アーンアウトのイメージ図

① 将来の業績予測に関して、売り手と買い手で大きな差がある場合の対応として

一般に将来の業績は不確実性があります。買収前にどれだけ慎重に検討したとしても、買収後に予測と反する結果になることもしばしばあります。

M&Aの局面では、売り手はかなりポジティブな業績を予測し、買い手はかなり保守的に考え、売り手と買い手で将来の見通しについて意見が対立する場合があります。売り手が行う予測は、経験則的な根拠がないものであったり、過度に楽観的な前提に立ったものであったりするため、買い手からすると高値で買収し、その後に予測する業績に大きく達しないというリスクを感じることがあります。逆に売り手としては、将来の業績予測に対して絶対的な自信があるが、買い手が過度に保守的になっており理解できていないと感じる場合があります。

その際に、当初は買い手の予測する最低限の業績予測に基づく対価を支払い、将来の一定時点において、一定条件（売上目標、利益目標等）が達せられた場合には追加の対価を支払うことがあります。

② 買い手が懸念する買収リスクへの対応手段として

買い手が、デューデリジェンス等の過程を通して、対象会社の調査を進める中で、訴訟リスクや労務リスク、税務リスク等の一定のリスクが発生する可能性があると判断することがあります。

当該リスクに対して、買い手としては発生可能性が高いことから一定の買収対価の減額等を要請しますが、売り手としては発生可能性が低いと考え意見が対立することがあります。そのような場合に、買収時点においてはリスクに対する対価を減額して支払う旨を合意し、一定期間後にリスクが顕在化しなかった場合には追加の対価を支払うことがあります。

③　売り手へのインセンティブ報酬として

買い手は、M&Aにより会社の支配権を獲得した後も、売り手を経営者として継続的・一時的に起用する場合があります。

通常、M&A後の売り手への報酬はM&A前に対して減額されることが多くなります。そのため、売り手としては、M&A後の経営に対してモチベーションを維持することが難しい場合があります。売り手の経営者のモチベーションの維持は買い手にとっても重要な事項であるため、一定のインセンティブを株式譲渡対価の一部を業績達成等の条件を達成した場合に支給する形として設定することがあります。

④　買い手の資金調達までの対応として

買い手は、M&Aの対価を自己資金もしくは借入等で賄うことになりますが、買収対価が買い手の現在の資力に対して多額となっている場合に、買い手が資金を調達するまで一定の期間が必要となる場合があります。一方、売り手からしてもできる限り早期に売却したい事情があり、また相手としても申し分ないといった場合があります。このような場合に、売り手が対価の一部後払いを許容することがあります。

(2)アーンアウトの税務上の留意点

アーンアウトの課税上の取扱いは、税法や通達等で明確に定まっていないことから実務上様々な取扱いがされている場合があります。

近年、M&A件数の増加に伴い、アーンアウトについても件数は増えてきている状況にあります。私たち税理士としても、売り手オーナー個人の譲渡所得の申告等でアーンアウトに係る課税上の取扱いに直面する場合があります。このような場合に、どのような税務判断をするかについてあらかじめ検討しておくことは有用と思われます。

また、対象会社の売り手のアドバイザーとしても、アーンアウトにより

M&Aを実行し、その後迎える確定申告において想定を超える所得税等の納付を求められることがあり問題となる場合もあるため、アーンアウトによりM&Aが行われる場合には事前に売り手に対して税務上の取扱い等を説明することが重要です。

アーンアウト条項付の株式譲渡についての税務上の判断をする上で重要な裁決事例があります（国税不服審判所裁決平成29年2月2日）。この裁決はアーンアウト条項付き株式譲渡における収入時期の判断が示された初めての事例となります。私たちが今後の処理を判断するに当たっては特に留意すべき事例ではあるものの、その射程等考慮すべき事項もあるため画一的な判断をするのではなく、個別の検討が必要と思われます。

上記の裁決事例を参考に検討すると、アーンアウト条項付株式譲渡については、「単なる株式譲渡対価の分割払い」と解するのか、「停止条件付の売買」であると解するのかによってその取扱いが異なるものと思われます。ここで、停止条件とは一定の事項が成立するまで法律行為の効力の発生を停止する条件をいい、不確実な事実を契約等の効力の発生要件とするものです。これに従えば、停止条件付の売買契約の効力は停止条件となる一定の事項は成立した時点となります。

所得税法36条1項では、「その年分の各種所得の金額の計算上収入金額とすべき金額または総収入金額に算入すべき金額は…その年において収入すべき金額とする」旨を定めており、この「収入すべき金額」とは「収入すべき権利の確定した金額」と解されています。すなわち、収入の原因たる権利が確定的に発生した場合には、その時点で所得の実現があったものとして当該権利発生の時期に属する年分の課税所得を計算するという権利確定主義の建前を採用しています。

具体的に、「譲渡対価の分割払い」と「停止条件付の売買」では以下のような取扱いになると考えられます。

① 譲渡対価の分割払いと判断された場合

アーンアウトにより譲渡対価が変動し得るものであったとしても、当該調整金額が満額支払われることを想定して定められている条項であると判断され、譲渡所得の収入金額の収入すべき時期は、原則として、その所得の起因となる資産の引渡しがあった日によるものと判断され、譲渡代金の全額について譲渡所得の収入金額と判断されるものと考えられます。

② 停止条件付の売買であると判断された場合

アーンアウト条項に関する停止条件の成就した日が収入の原因たる権利が確定的に発生したと考えられるため、譲渡所得の収入金額の収入すべき時期は、停止条件が成就した日の属する年分の譲渡所得の収入金額として判断されるものと考えられます。

なお、上記の裁決事例では、認定事実よりアーンアウト条項による調整金額は、満額支払われることを前提として設けられたものであり、株式譲渡の実行日にその代金の全額が確定的に発生したものと認めるのが相当と判断され、アーンアウト条項は停止条件には該当しないと判断されています。

ただし、上記の分類はアーンアウト条項の性質が「譲渡対価の分割払い」と「停止条件付売買」といずれの整理とした場合にもアーンアウト対価については株式譲渡対価を構成するとの前提で論じています。

一方、国税庁資産課税課が作成した行政文書である「株式譲渡益課税のあらまし Q&A」によれば、『株式譲渡契約に係るアーンアウト対価については、一定の条件が成就した時に支払われることとされており、クロージング時においてその支払が確定したという事はできず、株式等の譲渡による譲渡所得等には該当しない』との判断が示されています。

またアーンアウト対価は株式譲渡と密接に関連するものであってそれがされた事情に照らして偶発的に生じた利益とはいえないものであることから、原則としてそれぞれの対価の支払が確定した年分の雑所得となるという判断を示しています。ただし、注書きとして、『外部からはどのような事情により契約に至ったのか分からない場合もあることから、当事者間で合意された事情に照らして所得区分を検討する必要があることに留意する』ともされています。

この行政文書の考え方も踏まえると、アーンアウトが行われた場合の売り手個人の税務上の取り扱いについては以下のように考えられます。ただし、冒頭に述べたようにアーンアウトの課税上の取り扱いは実務上明確に定まっていないものであり、行政文書における注書きも踏まえて、個々の事案の状況を踏まえ、当事者間で合意された事情に照らして処理を検討することとなります。

アーンアウト対価の性質	所得区分	申告方法	アーンアウト条項未達成の場合
譲渡対価の分割払い	譲渡所得	アーンアウト対価も含む金額で当初の株式譲渡時に申告	①債権放棄損と考え申告不要 ②更正の請求
停止条件付売買	クロージング時の対価：譲渡所得 アーンアウト条項成就時の対価：雑所得※ ※売り主の売却後の立場やアーンアウト条項の内容によっては給与所得や一時所得となる場合も考えうる	それぞれの年分の所得区分に応じて申告	—

アーンアウト条項に関する税務上の判断は、それを争われた事例が少なく個々の事案ごとで前提条件等が異なるため、上記の基礎的な考え方を踏まえ、私たち税理士としての意見を慎重に判断することが重要です。

4　分割型分割を利用した特定資産の切り離し

売り手は、「M&Aを特定の事業を売却することで別の事業に集中したい」という場合や、「会社は売却するが会社の保有する一部の資産（例えば、私的にも利用している車両、事業に直接関係のない収益物件、今後の事業で利用する見込みである有形・無形の資産等）については自らのもとに残したい」という場合などのように、買収対象となっている会社の一部の資産・事業のみを分割したいという場合があります。

会社の特定の事業について売却するスキームについては第2章04の4で紹介していますので、そちらを参照してください。特に売り手の立場に立って考えた場合には以下のような点に留意する必要があります。

- M&Aにより売却した場合に、売却対価は売り手に直接入るのか、会社に入るのか
- 特定の事業等の分離に伴い時価評価課税がなされるか否か
- 時価評価課税がある場合には時価との乖離がある資産はあるか
- 売り手にみなし配当課税が生ずるようなスキームか否か
- 消費税の課税対象資産があるか否か

また、上記で掲げたスキームのほか、特定の資産だけを売り手に帰属させる方法として、役員退職金の現物支給という手段もあります。例えば、会社が保有する車両をM&A実行時とともに売り手に支払われる役員退職金の一部として現物支給することで目的を果たすことができます。なお、M&A特有の論点ではありませんが、役員退職金の一部を現物支給する場合には以下の点に留意する必要があります。

役員退職金として現物を支給する場合には、支給する「現物の適正評価額」により退職金を支払ったと整理されます。すなわち、「現物の適正評価額」の金額を見誤った結果、役員退職金が「不相当に高額」と判断されれば

役員退職金が損金不算入とされ、追徴される可能性があります。

また、役員退職金を現物支給する場合には、「代物弁済」とみなされるか否かによって消費税法の取扱いが異なります。例えば、最初から株主総会決議の通り退職金の一部を現物支給した場合は退職金として支給したことになり課税対象外となりますが、株主総会では全額金銭で支給すると決議したものの、資金繰りがつかずに現物により支給したと判断された場合には「代物弁済」として消費税の課税対象となります。実務においては、この「代物弁済」と誤った判断がなされないように手続や決裁、関連書類の作成、所有権移転を適時に行っていく等の対応に注意しながら進めることになります。

5　分散した株式の買い集めと税金

過去の相続税対策や、設立当初の共同経営者の名残り、社内の後継者候補に対する承継の失敗、資本政策なき度重なる増資や株式持ち合い等の結果、旧商法下における発起人の名残り等の事由により、M&Aにより売却しようとする会社の株主が売り手であるオーナー経営者もしくはその一族のみではない場合があります。

そのことに起因して、M&Aにおいては売り手から次に掲げるような相談をされることがあります。いずれも、難しい税務上の判断が必要となる場合がありますので、私たち税理士としては、過度に売り手の私情に流されるのではなく、事前にこのような相談をされたときにどのような判断をするかを検討しておくことで、適切な対応が可能となります。

(1)　売り手であるオーナー経営者が分散した株式を買い集めた上でM&Aを実行する

売り手の会社の株主には、主要株主であるオーナーの他に少数株主がいた場合に、オーナーが少数株主から一定価額で株式を取得し、株式を取りまとめた後に買い手に対して全株式を譲渡する場合を想定してみましょう。この場合、オーナーが少数株主から株式を買い取る際の買取価格が問題となります。

分散した株式の集約

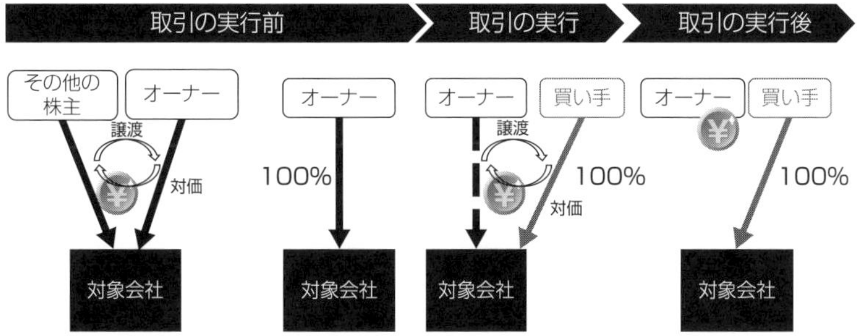

① M&Aを前提としない場合の非上場株式の時価と課税関係

M&Aを前提としない（すなわち、少数株主からの買取り後の買い手への売却を想定しない）場合には、一般論として買い取る株主が「同族株主等」であるか、「少数株主」であるかにより、税務上の考え方が異なってきます。

同族株主等が株式を買い取る場合には、原則として、財産評価基本通達に定める原則的評価方式を基に評価した金額を適正な評価額（時価）であるとして譲渡されます。一方、少数株主との取引については、特例的な評価方式である配当還元方式により評価した金額を適正な評価額（時価）であるとして譲渡されます。

ここで、時価より低い価額または高い場合で取引した場合には、それぞれの当事者において課税上のリスクが生ずる可能性があります。

低廉譲渡の課税関係

買手 売手	個　　人	法　　人
個人	売手（個人） みなし譲渡課税なし 譲渡所得：100−50＝50	売手（個人） 概ね時価の50％未満で取引した場合にはみなし譲渡課税（50％以上の場合.も同族会社の行為計算否認の可能性あり） 譲渡所得：250−50＝200
	買手（個人） 贈与税（取得価額は取引価額） 贈与税の課税標準： 250−100＝150	買手（法人） 時価受け入れ＋受贈益 株式　250　/現預金　100 /受贈益　150
法人	売手（法人） 時価で譲渡をしたとみなし、寄附金課税（役員または従業員である場合には給与課税または退職所得課税の場合も）される。なお、寄附金の相手勘定は譲渡益となるため寄附金の損金不算入額が課税対象となる。 現預金　100　/株式　50 /譲渡益　50 寄附金（損金算入制限）150 /譲渡益　150	売手 時価で譲渡をしたとみなし、寄附金課税され、相手勘定は譲渡益。 現預金　100　/株式　50 /譲渡益　50 寄附金（損金算入制限）150 /譲渡益　150
	買手（個人） 時価と取引金額との差額について一時所得課税（役員または従業員である場合には給与課税または退職所得課税の場合も）される。	買手 時価受け入れ＋受贈益 株式　250　/現預金　100 /受贈益　150

※仕訳例は時価250の株式を100（当初取得価額50）で譲渡と仮定。

高額譲渡の課税関係

売手＼買手	個　　人	法　　人
個人	売手（個人） 時価を超える分は贈与税 贈与税の課税標準： 200－100=100 譲渡所得：100－50=50	売手（個人） 時価と取引金額との差額について一時所得課税（役員または従業員である場合には給与課税または退職所得課税の場合も） 一時所得（または給.与所得、退職所得） ：200－100=100 譲渡所得：100－50=50
	買手（個人） 課税関係なし（取得価額は購入金額－贈与とされた金額） 取得価額：200－100=100	買手（法人） 時価で譲渡をしたとみなし、寄附金課税（役員または従業員である場合には賞与課税）される。 寄附金（または賞与）100 /現預金　200 株式　100　/
法人	売手（法人） 時価で譲渡をしたとみなし、譲渡益が法人税課税。また時価と取引価額の差額は受贈益として課税される。 現預金　200　/株式　50 /譲渡益 50(100－50) /受贈益　100	売手 時価で譲渡をしたとみなし、譲渡益が法人税課税。また時価と取引価額の差額は受贈益として課税される。 現預金　200　/株式　50 /譲渡益 50(100－50) /受贈益　100
	買手（個人） 時価と取引価額との差額が寄附したと取り扱い、課税関係は生じない（取得価額は時価となる）。	買手 時価と取引価額との差額について寄附金として処理する（取得価額は時価となる）。 株式　100　/現預金　200 寄附金　100（損金算入制限）

※仕訳例は時価100の株式を200（当初取得価額50）で譲渡と仮定。

+α ポイント

同族株主

同族株主とは、株主の１人及びその同族関係者の有する議決権の合計数がその会社の議決権総数の30％以上である場合におけるその株主及びその同族関係者をいいます。ただし、その会社の株主のうち、株主の１人及びその同族関係者の有する議決権の合計数が最も多いグループの有する議決権の合計数が、その会社の議決権総数の50％超である会社にあっては、50％超を占める同族関係者グループが同族株主」となります。

+α ポイント

税務上の時価

時価に関する税務上の考え方は、準拠すべき法律により異なりますが、所得税法上の時価についてはまず、所得税法基本通達23〜35共－9では次に掲げる場合に応じ、それぞれの価格によるものとされています。

⑴ 売買実例のあるもの

事業年度終了前6か月における売買事例のうち適正と認められる価額

⑵ 公開途上にある株式

取引所内規により入札により決定される公募価額等を斟酌し、通常取引されると認められる価額

⑶ 売買実例のないもので、類似法人の株式価額があるもの

当該価額に批准して推定した価額

⑷ ⑴から⑶までに該当しないもの

１株当たりの純資産価額等を参酌して通常取引されると認められる価額

また、上記の「1株当たりの純資産価額等を参酌して通常取引されると認められる価額」とは、所得税法基本通達59－6において、以下を条件として「財産評価基本通達」の178から189－7まで（(取引相場のない株式の評価)）の例により算定した価額とするとされています。

⑴ 「同族株主」に該当するかどうかは、譲渡・贈与直前の株式数で判定する。
⑵ 株式を譲渡または贈与した個人が当該株式の発行会社にとって同通達188の⑵に定める「中心的な同族株主」に該当するときは、財産評価基本通達179における「小会社」に該当するものとする。
⑶ 土地または上場有価証券を有している時は、これらは譲渡時または贈与時における価額によって評価すること。
⑷ 評価差額に対する法人税額等に相当する金額は控除しないこと。

② M&Aにおける特殊性を考慮した場合の非上場株式の時価と課税関係

上記のことを前提に、再度M&Aにおける特殊性について考えてみたいと思います。M&Aにおいて、分散した株式の集約が行われる場合には、株式の集約後に買い手に対してその株式を譲渡することに特徴があります。

実務では、分散した株式を買い取るには一定の資金が必要となるため、売り手は基本合意締結後等、M&Aの実現可能性が相当程度高くなった時点で株式の集約を行いたいと相談される場合が多くあります。

確かに、通常の買取りであれば、税務上の時価は前述のように「財産評価基本通達に定める原則的評価方式を基に評価した金額」により取引をすることで税務上の問題はないとアドバイスする考えもあります。しかし、そのような価格で買取りを行った直後に、買取り時点において買収価額の水準がある程度は見えてきている状況下において、買取の時価を「財産評価基本通達に定める原則的評価方式を基に評価した金額」と主張することに問題はないでしょうか。

この点、法令等で明確な定めがあるわけではないため、実務上の判断は状況によって異なるものと思われますが、株式を買取りした直後に、独立した第三者である買い手との間で、集約時の買取り額を大きく上回る価額で取引されている場合には、当該買収金額が時価であると認定される可能性があります。仮にそのように認定されれば、売り手が少数株主から株式を時価よりも安い金額で取得した時点において、売り手が少数株主より経済的な利益を受けたものと考えられ、相続税法7条のみなし贈与の規定が適用される可能性があります。

次の図表の例でみると、オーナーはM&Aによる買収価額100万円と少数株主との取引金額10万円との差額90万円に対して、贈与税が課される可能性があります。

なお、上記は事前の株式集約が個人株主間で行われた場合の考えとなりますが、資産管理会社等の法人株主から個人株主が譲り受けた場合には、法人個人間の低廉譲渡と認定される可能性があり結果、売り主においては受贈益課税、買主である個人については一時所得課税がされる可能性があります。

M&Aを前提とした場合の株式の集約と売却

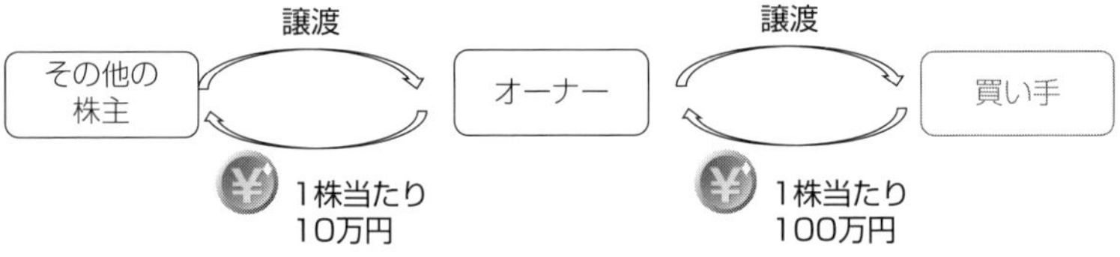

※1株当たりの時価純資産：30万円
※過去は1株当たり5万円で取得していた

+α ポイント

純然たる第三者

法人税法基本通達逐条解説（税務研究会）によると、「純然たる第三者間取引において種々の経済性を考慮して定められた取引価額は、たとえ上記したところの異なる価額であっても、一般に常に合理的なものとして是認されることになろう。」という記載があり、一般に純然たる第三者間の市場原理に基づき形成された価格（例えば、純然たる第三者間のM&Aによる取引価格）は時価であるとされています。

ただし、「純然たる第三者」概念については税法上の明確な定義があるわけではないものの、経済的合理性や市場原理に基づき形成された価格であることが必要であると解されます。そのため単に「第三者との取引である」ことをもってのみ時価とみなすような判断をすることは適切とは言えないでしょう。

+α ポイント

同族間以外にみなし贈与の規定が適用されるか

相続税法7条のみなし贈与の規定が同族間以外の取引において適用されるのかについて議論があります。この点、近年の判例（平成19年1月31日東京地裁判決（税務訴訟資料　第257号-13））では、「著しく低い価額の対価で財産の譲渡を受けた者の担税力の増加に着目し、それ自体に課税するものであるから、取引当事者間の関係及び主観面を問わないものと解すべきであるし、独立第三者間取引において同条が適用されるからといって、そのことにより、直ちに一般市場における取引価額が評価通達に定められた価額に拘束され、価格設定の事由が奪われるというものではない。」との判断を示しており、独立第三者間取引取引においても相続税法7条のみなし贈与の規定は適用されるものと考えられます。

実例 16 売り手が資産管理会社からの事前の株式購入により節税を図ろうとした事例

自動車部品メーカーであるT社は、順調に利益を出すものの、定期的に設備投資のための資金が多額に必要になることから、運転資金を金融機関からの融資により調達していた。そのため、利益は計上しているものの、資金繰りについては、厳しい状況が続いていた。

長年そのような経営を続けてきた結果、T社は経営規模に比して著しく自己資本が低い状態となっており、資金繰りに関してはますます厳しい状況に陥っていた。

このような中で、T社としては、外部の資本力がある会社の傘下に入ることを決断し、何社かと交渉を進め、そのうちの1社と基本合意書を締結しようとしていた。なお、T社の発行済株式の全ては社長の資産管理会社が保有していたが、T社社長から、このまま株式を譲渡すると、およそ30％の法人税等が課されてしまうため、より税率の低い個人に当初の取得額で移転してから、M&A相手先に株式を譲渡することはできないか相談された。

顛末としては

本件について、M&A前にT社社長が株式を資産管理会社から当初の取得額で買い戻し、その後第三者に譲渡することは可能ではある。

しかし、そのような取引を行った場合の課税上の取扱いは、第三者への譲渡価額が時価として認定された場合には、資産管理会社においては時価と譲渡価額との差額が寄附金・受贈益と認定されることで法人税等が課税され、T社社長個人としても時価と譲渡価額との差額が一時所得（資産管理会社の役員・従業員である場合には給与所得や退職所得となる場合もある）として認定されることで所得税が課税される可能性がある。結果として多額の追徴課税がなされることになり、手取額が大幅に減額する可能性がある旨をシミュレーションし説明した。説明した結果、T社社長は税務リスクについて理解し、株式の事前買取を断念した。

M&Aによる株式売却を検討するのであれば、早期に決断し、事前の株式整理等を含めて中長期的な視点からすべきであることを改めて考えさせられた事案であった。

(2) 売り手であるオーナー経営者以外の株主の株式を自己株式として会社が取得した上でM&Aを実行する

① M&Aにおける自己株式の取得

上記（1）では、分散した株式の買取り後の売却に関する税務上の取扱いについて検討しました。では、売り手（オーナー）による株式の買取りの方法ではなく、会社が自己株式として少数株主から株式を買い取る場合にはどうでしょうか。

まず、株式の分散に対して自己株式の買取りが有する効果を考えてみたいと思います。株式が分散した会社が、自己株式として少数株主から株式を取得する留意点としては以下のような事項が挙げられます。

・自己株式の取得により、少数株主が株主の地位を失うため、自己株式の取得後は持株比率が変動し、実質的に株主間による株式譲渡と同様の結果を得ることができる。

・オーナーは、株式の買取りの資金を自己資金として用意する必要がなく、会社の保有する資金を利用することができる。

・自己株式の取得は一定の法的手続（不特定の株主から自己株式を取得する場合には株主総会の普通決議により特定の株主からの取得には株主総会の特別決議が必要）に基づいて行う必要があり、財源規制がある。すなわち、自己株式の取得は、自己株式を取得する日における会社の分配可能額の範囲内でのみ行うことができる。したがって、剰余金のない会社であれば自己株式の取得は行えないことになる。なお、一定の限度はあるが、減資手続を行い分配可能額を増やすことにより、自己株式の取得を可能にする方法もある。

・特定の株主からのみ自己株式の取得を行う場合には、その他の株主に売主追加請求権（売主となる特定の株主に、自分を加えるように請求できる権利）を認めているため、場合によっては当初の目論見以上の自己株式を取得しなければならない場合がある。

・内部留保が潤沢にある会社の株価は高額となる可能性があるが、M&A前に自己株式の取得や配当という形で株主に内部留保の一部を還元することで、相対的に株価を引き下げ、M&Aにおける取引の幅を広げることができる。

② 自己株式取得に係る課税関係

自己株式の取得という取引は、発行法人においては、原則として資本の払戻しとして取り扱われ、その取得によって課税関係が生ずることはありません。

一方で株主にとっては、自己株式の取得は株式の譲渡として整理されます。ただし、譲渡価額と取得価額との差額は税務上「みなし配当」とされる部分と「株式譲渡損益」とされる部分に分けられ、それぞれ課税上の取扱いが異なります。

具体的には、株式の譲渡価額である「交付金銭等の金額」から「資本金等の額（「取得直前の資本金等の額」÷「取得直前の発行済株式総数（自己株式除く）」×「取得する自己株式数」）」を差し引いた金額が「みなし配当」の額とされ、自己株式の取得価額と「資本金等の額」との差額が株式譲渡損益とされます。

みなし配当については、税務上は通常の受取配当金と同様の取扱いがなされることとなります。そのため、個人株主である場合には配当所得として他の所得と合算され超過累進税率により課税され、法人株主である場合には、受取配当金として課税所得計算上益金不算入規定の適用を受けます（ただし、保有期間に留意が必要）。このように、自己株式の取得にかかる株主の税務は、その属性が個人か法人かによって課税関係が大きく異なります。

自己株式取得に係る課税関係

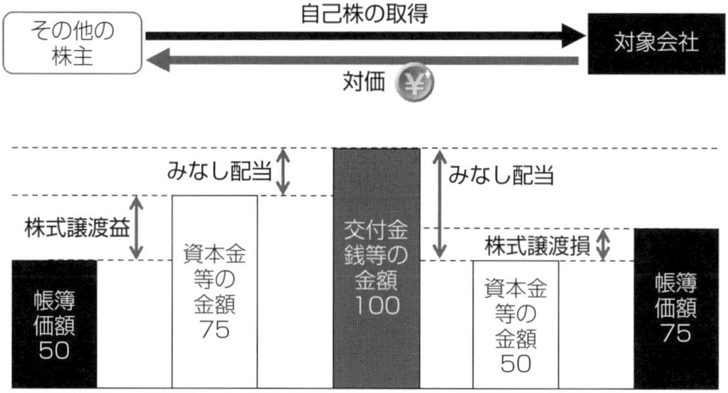

借方		貸方	
現預金	25	受取配当金	25
現預金	75	株式	50
		株式譲渡益	25

借方		貸方	
現預金	50	受取配当金	50
現預金	50	株式	75
株式譲渡損	25		

（法人の場合）受取配当金の益金不算入

	持株割合	益金不算入額	負債利子控除
完全子法人株主等	100%	全額	なし
関連法人株式等	1/3 超		あり
その他の株式等	5%超 1/3 以下	50%	なし
非支配目的株式等	5%以下	20%	

（個人の場合）配当所得として課税

③　M&Aにおける自己株式の取得とみなし贈与の関係

自己株式の取得がM&Aの前段階として行われる場合には、前段の「みなし配当」に加え、「みなし譲渡」・「みなし贈与」に関しても留意する必要があります。

M&A実行前の株式の整理等として、M&Aの売り手となる主要株主以外の少数株主の保有する株式を自己株式として取得するに当たって、当該自己株式の取得価額と、その後に行われるM&Aによる株式の譲渡対価が異なる取引価額（株価）となる場合があります。このような場合に、「自己株式を譲渡する少数株主（次の図表では「その他の株主」と表記）における課税関係」と「対象会社における課税関係」、「M&Aの売り手となる主要株主（次の図表では「オーナー」と表記）における課税関係」に分けて考えていきたいと思います。

ア　自己株式を譲渡する少数株主における課税関係

M&Aにおける株式譲渡を前提としない場合には、原則として財産評価基本通達に定める原則的評価方式を基に評価した金額を適正な評価額（時価）であるとして、自己株式の取得を行うことで一般的には問題が生じません（措置法通達37の10・37の11共－22参照）。しかし、自己株式の取得を行った直後に、M&Aによる株式売却が行われた場合には「⑴ 売り手であるオーナー経営者が分散した株式を買い集めた上でM&Aを実行する」でも触れているとおり、法令等で明確な定めがあるわけではないため、実務上の判断は状況によって異なるものと思われますが、買収金額が時価であると認定される可能性があります。

その場合、自己株式の取得価額が時価（買収価額）よりも著しく低い価額とされた場合には「低廉譲渡」、著しく高い価額とされた場合には「高額譲渡」とされ、122頁に取りまとめたような、課税上のリスクが生ずる可能性があります。すなわち、個人株主である場合には「みなし譲渡」、法人株主である場合には「寄附金課税」の可能性があることになります。

イ　対象会社における課税関係

対象会社においては、自己株式の買い取りは資本取引であるため特段の課税関係は生じません。自己株式の取得価額にて会計処理されることになります。

+α ポイント

自己株式の取得取引の性質

平成18年度税制改正前までは、自己株式の取得取引について資本取引と損益取引の混合取引であり、低廉譲渡の場合には受贈益課税がされるという説もありましたが、現在では資本取引であると整理することが通常であると考えられます。

ウ　M&Aの売り手となる主要株主における課税関係

対象会社が少数株主から時価より低いもしくは高い金額で自己株式を取得した場合には、少数株主とM&Aの売り手となる主要株主との間で経済的価値の移転があったとみなされ、株主間の「みなし贈与」が行われたものとされ贈与税が課税される可能性があります（相法9）。

なお、相続税法9条は個人間のみなし贈与を規定しているため、自己株式の譲渡をした株主が法人株主であった場合にまでこの適用がなされるかに関しては明確ではありません。

自己株式取得後のM&A実行

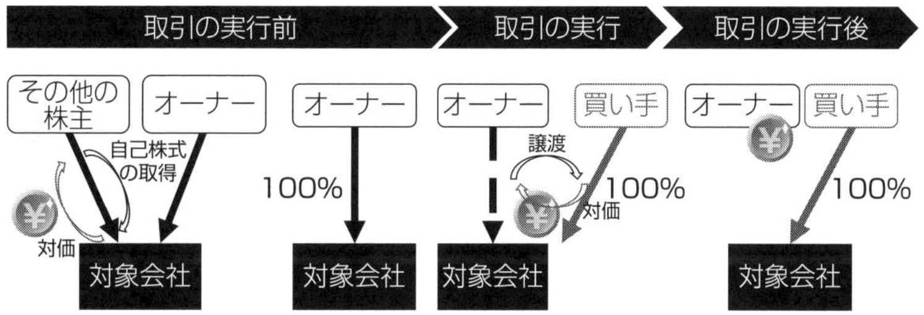

M&Aにおける株価の向上策（磨き上げ）を考える　03

1 「磨き上げ」とは

私たちが売り手の支援を行う際に、中長期的な目線でM&Aを検討しているのであれば、会社の「磨き上げ」を支援していくことが有用です。ここで、会社の「磨き上げ」とは、一般に事業承継対策の一環として、円滑な事業承継を行うために行う改善活動をいい、会社の現状をさまざまな観点から調査・把握したうえで、組織・事業などに関わる不備を是正し、会社の強みを明確にすることにより、会社をより良い状態に仕上げることを指します。

私が多くのM&Aに関与してきた中で、基本合意後のデューデリジェンスを経て、M&Aが失敗に終わった事例も多くあります。それらの原因は様々ですが、事前に問題となるような事項や情報を把握し、開示できていなかったために売り手と買い手との間で認識の齟齬が生じたことや、信頼関係が崩れたということに起因することが多くあります。

すなわち、「磨き上げ」のプロセスにおいては、今後のM&Aにおける企業価値を高めるための財務、法務、労務、ビジネス等の様々な視点で問題となりうる情報をできる限り整理しておくことが企業価値の向上につながることになります。

このように「磨き上げ」は本質的にはM&Aのために行うものではありませんが、結果として以下のような効果が考えられます。

① M&Aの実行可能性の向上

売り手の事業の中核をなす契約やコンプライアンスに重大な不備等がある場合には、いわゆるディールブレーカー（阻害要因）となり得るため、M&Aの実行可能性を高めるために阻害要因を早期に発見し対処することが効果的です。

② 企業価値の向上

対象会社の企業価値の源泉となる事由や企業価値を向上の疎外となっ

ている事由を早期に特定し、これらを改善するための施策を講じることで、企業価値向上につなげることが考えられます

2　磨き上げの主な視点

「磨き上げ」は単に業績改善や経費削減といったものに限られず、経営、財務、税務、法務、労務等多方面にわたって行われ、企業価値の向上とその後の円滑な事業承継に資する対策を行っていくものとなります。1で触れたような磨き上げの効果ごとにビジネス、法務、財務・税務、収益性、財政状態のごとに細分化していくと次のように分類できます。

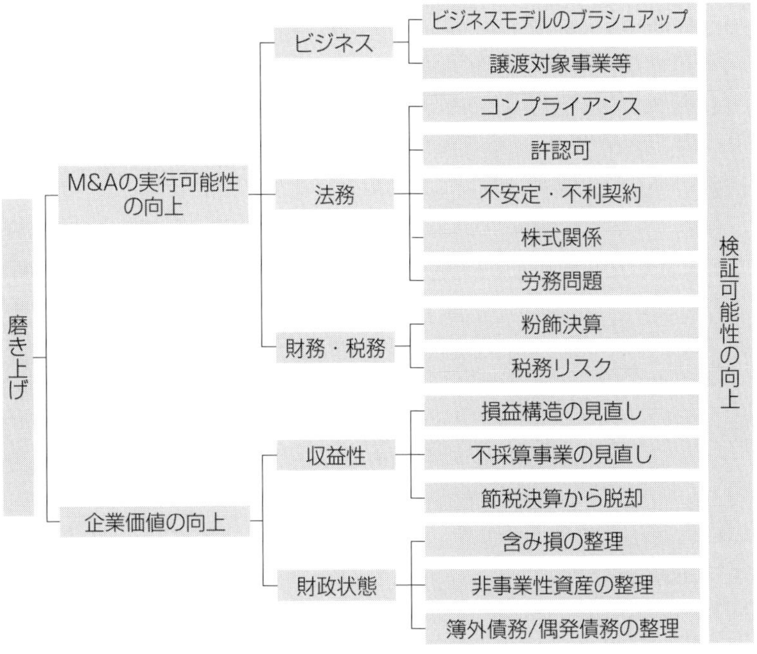

① ビジネスモデルのブラッシュアップ

M&Aの実行可能性を高めるためには、売り手の魅力を最大化させることが重要です。M&Aの相手先を本格的に探索する前に、売り手のビジネスモデルを見直し、他社にはない独自の魅力を打ち出し、洗練させることで、自社のもつ競争優位性を高め、M&Aの実行後も持続可能なものとすることを目指します。

② 譲渡対象事業の整理

M&Aを検討する売り手が複数の事業を行っており、その一部の事業のみを譲渡対象としたい場合や、相互関連性の低い事業を複数行っている場合には、将来のM&Aを見据えて売却対象となる事業の単位を早期に検討し、その譲渡が行いやすい形に組織変更する等の対応策を早期に行うことで、M&Aの買い主探索を容易にするように準備をします。

③ コンプライアンス

M&Aの実行プロセスにおいて、対象会社の事業運営上コンプライアンス違反となるような事項が発見されることがあります。コンプライアンス違反となるような内容が発見された場合には、M&A自体の断念や譲渡対価の大幅な減額等がされる場合があります。そのため、M&Aに本格的に着手する前に、違法な手段により収益を得ている場合には是正する措置を講じたり、法令を遵守していないことによる事業非継続の可能性や行政処分といった信用問題等のリスクに対応することでM&Aの実行可能性を高めます。

④ 許認可

売り手が許認可の必要な事業を営んでいる場合、適切な許認可の取得・更新は事業の根幹となるような重要な事項となります。そのため、事業に必要な許認可を整理し、問題がないことを把握することが必要です。また、将来に許認可の取り消しとなった場合には、事業に重大な影響を及ぼす可能性があるため、そのような状況である場合には対策を検討する必要があります。

⑤ 不安定・不利契約

会社にとって重要な契約が、会社の事業運営上不利な形やあいまいな内容となっている等のように不安定な契約となっているものがある場合には、法的に安定的なものとすることが重要です。これにより、将来的なトラブルやリスクを回避することができます。

また、チェンジオブコントロール条項の付された契約のように、M&Aの実行により契約条件に影響を与えるような契約は、事前に影響の検討や整理をすることが重要です。これにより、M&A後のビジネスの円滑な運営が可能となります。

⑥ 労務問題

会社の採用している労務管理制度が労働基準法、最低賃金法、労働安全衛生法、労働者災害補償保険法、労働契約法等の各種の法律に従い適法に運用されていない場合には、未払労働債務をはじめとして事業運営上重要な問題となる可能性があります。また、労働法違反は将来の労働紛争につながる可能性もあるため、将来の潜在的な問題に対してあらかじめ対処するという事が重要になります。

⑦ 粉飾決算等

M&Aにおいて会社の財務情報は、M&Aの買い手の探索や価格をはじめとしたM&Aの条件に重要な影響を与えるものです。そのため、故意か否かにかかわらず、財務情報に誤りがあった場合には、M&Aの成否に重要な影響を与えることになります。

そのため、M&Aに本格的に着手する前に、財務情報に重要な誤りがある場合には、是正をし真実の財務諸表を把握しておくことが重要となります。

⑧　税務リスク

M&Aの実行において、税務リスクが発見された場合には買い手が価格の減額や保証条項の設定、M&Aの断念といった対応をする可能性があります。そのため、過年度に税務リスクのある会計処理を実施していた場合にはリスクの程度により、修正申告等の是正措置の必要性を検討する必要があります。

⑨　損益構造の見直し

M&Aでは会社の収益性に基づき企業価値の評価が行われます。そのため、自社の評価を適切に行ってもらうためにも、他者に対して自社の損益構造、利益の源泉等をわかりやすく説明できるような情報の整理をあらかじめ行っておくことは有用です。正確な収益性の把握は企業価値の向上に直結します。

⑩　不採算事業等の見直し

売り手の会社が行っている事業の中に不採算事業や収益性の悪い事業が含まれている場合には、会社の価値評価を下げる可能性があります。そのため、M&Aに本格的に着手する前に、収益性に貢献しない不採算事業の撤退や、収益性の低い事業の分離等の対策を検討進めておくことが有用です。

⑪　節税決算からの脱却

売り手の会社が自社の課税所得を減少させるような取引や処理を行ういわゆる節税対策を行っている場合には会社の本来の実力（収益性）が把握しづらくなります。また、支出を伴う節税対策は結果として会社財産を毀損している場合もあります。さらに、税務リスクを伴う節税策は将来の追徴課税のリスクを伴います。M&Aを検討している場合にはこのような節税対策がM&Aに与える影響を慎重に判断して実行について検討することが必要です。

⑫　含み損の整理

売り手の会社が保有する資産の含み損益は、価値評価に影響を与える可能性があります。そのため、自社が保有している資産に含み損益がどの程度あるのかを適切に把握することが重要です。また、含み損がある資産を保有していることがM&A交渉に不利な材料となる場合もあります。そのため、含み損益を有する資産の切り出しや、M&A前における含み損益の実現の必要性について検討することも有用となります。

⑬　非事業性資産の整理

売り手の会社が余資運用等の目的で本業に関係のない資産を保有していることがあります。非事業性資産は時価評価されて会社の価値として考慮されることが多くみられます。一方で、多額の非事業性資産を有する場合には買い手としてはその分の買収資金も用意することが必要であることから、買い手が限定される可能性もあります。売却可能性を高めるという意味では、非事業性資産の処分や切り出し等について検討することも有用となります。

⑭　簿外債務/偶発債務の整理

退職給付債務や保証債務、訴訟債務等のように税務上、会計上は負債として認識されない債務でもM&Aの価値評価においては織り込まれる場合があります。また、偶発債務や簿外債務の内容によっては買い手がM&Aの実行を断念する場合や大幅な減額要因となるような場合もあります。そのため、偶発債務や簿外債務について適切に把握したうえで、事前にリスク要因の除外や低減等の対策ができるものは事前に手当を行うことは有用となります。

⑮　検証可能性の向上～整理及び文書化～

買い手はM&Aの検討プロセスを通して開示される様々な資料や情報を基に対象会社の評価を行います。そのため、会社資料等が適切に文書化・保管され、第三者によって検証可能な状態である場合には、適切な評価が行えます。一方で資料や情報が十分に検証可能でない場合には、買い手の不安やリスク要因として認識されてしまう可能性もあります。そのため、会社の「見える化」を進め、第三者による検証可能性を高めることが有用です。

3 「磨き上げ」を行う上でのチェックポイント

以下、会社の磨き上げを行う上でのチェックポイントの例を挙げていきます。磨き上げに必要なことや、課題は個々の会社の状況によって異なってきます。そのため、本書においてチェックポイントを網羅しきるのは難しく、代表的なポイントに絞って紹介します。ここに挙げたポイントはあくまで一例ですが、いずれもM&Aの取引の不成立や対価の減額となるような要因となりかねないものですので、まずは確認してみるとよいかと思います。

また、過去の経験上、経営者の認識と事実関係にズレが生じているケースは多くあります。すなわち、経営者自体には問題があるとの認識はないのですが、証拠となる資料を確認していくと実は問題であったということがあります。これが、買い手によるデューデリジェンスによって発見された場合には、対価の減額や保証の要求、最悪の場合には買い手によるM&Aの断念ということにもつながりかねませんので、事前の確認時にもできる限り根拠となる客観的な資料等に照らしながら確認を進めていくべきです。

1. 収益力に関する事項

□　過度に節税対策を行った結果、会社の本質的な収益力を把握できなくなっていませんか。

□　過去に粉飾決算もしくはその疑いのある処理を行っていませんか。
□　複数の関係会社間での取引を通して、会社の実態の収益力を歪めていませんか。
□　過去の損失や費用を資産で繰延処理をし、取崩しを失念しているものはありませんか。
□　例えば、前受金に該当するような取引を収益として一括計上していませんか。
□　単に資金調達目的ではなく、合理的な根拠を持った事業計画を策定できていますか。

2. 財政状態に関する事項
□　債権や在庫が滞留しており、実際には現金等による回収が難しいようなものはありませんか。
□　保有している固定資産に現存しないものや、過年度の償却不足等の理由により時価と大きく乖離するようなものが含まれていませんか。
□　退職金制度の存在により、退職給付引当金の計上が必要となるような制度設計になっていませんか。
□　税務リスクがある会計処理を行っていませんか。
□　簿外債務や偶発債務は存在しませんか。

3. 株主と株式に関する事項
□　会社設立から現在までの株主の変遷は全て把握していますか。
□　過去の株主の移動に関する法的手続は全て適法に行われ、書類として事実が確認できますか（例えば、非公開会社（定款で全ての株式について譲渡制限が設けられている会社である場合には譲渡承認に関する議事録がすべて整っていますか）。
□　過去または現在に株券発行会社である場合には、株券の所在は把握していますか。
□　現在の株主のうち、所在不明株主や株主の特定ができない株式はありませんか。

4. 労務に関する事項
□　就業規則や36協定等法令により作成すべき制度は整っていますか。
□　勤怠管理・勤務時間の記録は正確に行っていますか。

□ みなし残業という名目で、労働時間管理を行わないことや、超過時間に係る残業手当の支給を事実上行っていないという制度になっていませんか。

5. 契約に関する事項

□ 会社が締結している契約のうち、M&A等により株主が変更される場合に、事前の承諾や通知等の義務が課されているようなものはありますか。

□ 金融機関等との間の契約において連帯保証されているものや、担保資産の提供を行っているようなものはありますか。

6. 法令順守に関する事項

□ 許認可が必要な事業である場合には、必要な許認可の全てが適法に取得されていますか。

□ 法令により、契約手続、生産体制等において順守すべきルールが守られている状態にありますか。

□ 反社会的勢力もしくは疑わしい団体等との取引関係はありませんか。

実例17 過度の節税策等の実行により自社の真の実力（正常収益力）がわからない状況でのM&Aの検討

旅館業を営むU社では、中小企業特有の特徴である「節税対策」と「金融機関への対策」といったことを意識し、長年上手に利益をコントロールしながら経営を行ってきた。社長も高齢化してきており、将来の事業承継についてどうしたらよいかその出口戦略に関して相談を受けた。

U社の社長と幾度かの打ち合わせ、事業承継の出口として考えられるストーリー等について話を進めていくうちに、会社、従業員、そして社長自身のために最も適切と考えられる出口はM&Aによる外部の第三者への事業承継であるという結論に至った。

U社はM&Aに向けた検討を進めていくことにしたが、私が簡易的に診断を行ったところ、U社における過去の決算は様々な利益のコントロール策を講じていた結果、本来あるべき実力値がどの程度の収益力を持っている会社であるか非常にわかりづらい状況にあった。また、社長自身の感覚として持っている利益の実力値と、損益計算書の数値から異常要因等を調整した利益といまだ大きな乖離がある状態であり、社長自身何が本当であるのかわからないという状況に陥っていた。

自身の実力値もわからないままM&Aに臨むことは、結果として適正な評価額による売却を不可能にする可能性や、買収交渉を難しいものとする可能性、買収後に紛争等になる可能性があることを考慮し、U社では即座にM&Aの相手先の探索を始めるのではなく、まずは過去の決算数値を精査することで、過去の真の実力値（正常収益力）を把握する作業に着手するとともに、進行期については、特段利益調整を行わず、事業運営のみに注力した場合にどのような決算となるかを見るということをU社の社長と話をした。

顛末としては

さらなる調査の結果過去の処理については、当初認識していなかったような誤りや様々な方策がなされていたことがわかった。調査の着手から半年がかかってしまったが、最終的に社長の認識と大きく乖離のないような正常収益力であることが確かめられた。また、進行期の決算も特段の調整を加えずに組んだことにより、大きな成長を遂げていることも.明確になった。

U社では、このような準備期間を経て、M&Aの相手先の探索を開始したため、U社社長の望むような条件を提示する相手先があらわれ、その後のデューデリジェンスにおいても重要な問題は発見されず、極めて円滑に買収が成立した。

デューデリジェンスへの対応　04

1　デューデリジェンス時における税理士の果たす役割とは

デューデリジェンスは複数の専門家により短期間の間に様々な調査が行われます。売り手の社長にとってはかつて経験したことのないようなペースで、多岐にわたる専門的な質問や資料の依頼が行われるため、その不安やストレスは計り知れないものです。

私たち税理士は、デューデリジェンス実施の際に社長に寄り添い、デューデリジェンス対応の窓口となることが期待できます。過去の顧問税理士としての関与経験や磨き上げを通して得た情報等を基に、円滑にデューデリジェンスが進むことを支援することができます。

具体的に、売り手からの依頼に基づきデューデリジェンスへの対応を支援できる内容としては以下のようなものがあります。

(1) 資料及び質問対応への支援

買い手により、どのようなデューデリジェンスをどれ位の期間にわたってどの程度の深度で行われるかは異なります。中小企業のM&Aにおいては、一般的にはデューデリジェンス期間として1か月前後であることが多いのではないでしょうか。売り手はデューデリジェンスへの対応により1か月～数か月の間に数百もの質問や資料の依頼を受けます。

売り手としては、会社に対し外部からこのような調査を受ける経験はないことがほとんどです。そのような中で、デューデリジェンスを受けると、なぜこのような資料を提出しなければならないのか、なぜそのような質問をしてくるのか、そんなに信頼されていないのか、この回答の内容で問題ないのかといったように漠然と不安になっていきます。その不安から、買い手や専門家に対して怒りをあらわにする売り手や、不安にかられM&Aを辞めることを考える方もいます。買い手にとって「当たり前」であり、「必要なプロセス」であることであっても、売り手は孤独であり、ちょっとしたことでも不安に感じることがあります。ここに私たち専門家がデューデリジェンスの対応を支援することの意義があります。

私たち税理士は、会計という数値を通して、企業の事業内容やその背景にある取引、関連法令等に触れる機会が非常に多くあります。また、様々な業種や規模の会社と接触する機会も多く、特定の業種や業態のみではなく、広くビジネス全般を理解できる環境に置かれています。また、顧問税理士として長年関与していた場合には、過去の会社で起きた出来事等に関する理解や売り手との信頼関係もあるはずです。デューデリジェンスは、財務・税務に限らず、法務や労務、ビジネス等多岐にわたって売り手の会社の調査を行うことになりますが、私たち税理士が売り手の立場で専門家からの依頼や質問に対して窓口になることで、先方の質問の意図等を理解しやすいのではないかと思います。

私たち税理士が、売り手の立場としてデューデリジェンスへの対応に積極的に関与することが円滑にデューデリジェンスを乗り切り、M&Aを成功に導く役割を果たすことができるのです。

(2) 財務・税務デューデリジェンスへの対応

上記（1）のように多岐にわたった支援を行わない場合においても、顧問税理士として、以下のようなデューデリジェンスへの対応を行うことがあります。

- 顧問税理士としての対象会社に対する関与の程度、過去の税務調査の状況や結果、税務上の懸念事項、税務署等への照会事項等に関するインタビューへの対応
- 会計処理や決算内容に関する質問への対応

2　各種デューデリジェンスの目的と着眼点

売り手の立場として、デューデリジェンスへの対応を支援するためには、買い手はどのような目的・視点でどのような調査を行うかを理解することが重要です。

(1) ビジネスデューデリジェンス

買い手側は対象会社を買収後、グループの中で対象会社の事業を営んでいきます。そのため、今後の事業運営に関する留意点等を把握することが重要であり、事業面からの調査を行うことがあります。これをビジネスデューデリジェンスといいます。

事業運営に関する留意点は多岐にわたり、買い手の懸念点等も状況によって異なるため、ビジネスデューデリジェンスで行われる調査を一律に示すことは難しいものです。例えば、以下のような目的で行われる調査を含みます。

- 対象会社の事業上の強みや、弱み、事業機会や脅威となる事項、対象会社の競争優位性等の調査
- 対象会社から提示されている事業計画の蓋然性（確からしさ）の検証
- 事業計画の統合段階で期待される効果（シナジー効果）が十分に得られるかどうか

(2) 法務デューデリジェンス

例えば株式譲渡において、買い手は対象会社の買収後に、原則として対象会社が行ってきた全ての経済活動から生ずる様々なリスクを負っていくことになります。そのため、買い手は、対象会社が行ってきた様々な経済行為を法的な側面から調査し、そのリスクの度合いやM&Aの契約における留意点等を把握します。これを法務デューデリジェンスといいます。

法務デューデリジェンスで調査される範囲は、対象会社の経済行為全般にわたるため、多岐にわたります。例えば以下のような項目について調査が行われます。

・対象会社の設立から現在までの株主の変遷を調査し、売り手が適法に株式を所有しているか
・対象会社が制限される法律上の権利や許認可等は適法に取得されているか
・対象会社が締結した契約が今後の事業運営やM&Aに影響を与えるような内容であるものはないか
・過去の係争事件や現在進行中の係争事件が今後の事業や対象会社の債務に与える影響の評価

(3) 人事労務デューデリジェンス

買い手は、対象会社を買収し、その後自社の企業グループの一員に対象会社を加え、事業運営を行っていきます。対象会社の事業はそこに勤務する従業員によって行われていることから、買い手は従業員に関する制度を理解し、今後のリスクや対応を検討し、評価する必要があり、対象会社の人事制度や、労務管理体制等に関する調査を行います。これを人事労務デューデリジェンスといいます。

人事労務デューデリジェンスでは、例えば以下のような着眼点で調査が行われます。

・対象会社の人事制度や給与計算制度の理解
・買い手と対象会社の人事制度の統合を踏まえた課題調査
・未払い残業代の有無、リスク評価（未払残業代の可能性があれば、過去2年間の実績を推定）
・勤怠の管理状況の確認
・過去の労働争議等労務トラブルの有無の確認とリスク評価

・当局への届け出等の状況の確認
・M&Aを契機とした対象会社の事業遂行に必要不可欠な人材の退職や、従業員の大量自主退職はないかの調査
・その他労務コンプライアンス違反の有無の確認

昨今、労務問題は社会的な問題として取り上げられ、時には会社の事業運営に重大な影響を与えたり、会社の事業の在り方そのものを変えたりすることがあります。そのため、人事労務デューデリジェンスを行うことで、M&A後のトラブル等を未然に防ぐという意味で近年重要性がより高まってきています。

(4) 不動産デューデリジェンス

買い手は、対象会社が重要な不動産を有している場合や、不動産売買や賃貸のため多数の不動産を保有している場合に、財務デューデリジェンスや法務デューデリジェンス、ビジネスデューデリジェンスの派生として不動産に的を絞った調査を行うことがあります。これを不動産デューデリジェンスといいます。

不動産デューデリジェンスでは、例えば以下のような着眼点で調査が行われます。

・所有不動産の価値評価
・投資不動産、賃貸不動産の収益性評価
・所有建物の建築基準法等への適合性の調査
・耐震診断の実施や対策費の見積

(5) 環境デューデリジェンス

買い手は、対象会社が直面している環境問題に関する様々なリスクを把握し対処するために、財務デューデリジェンスや法務デューデリジェンス、ビジネスデューデリジェンスの派生として環境に的を絞った調査を行うことが

あります。これを環境デューデリジェンスといいます。

一言で環境という言葉でまとめていますが、環境デューデリジェンスの範囲は、多岐にわたるため、各デューデリジェンスと重複する可能性があるため注意が必要です。

環境デューデリジェンスでは、例えば以下のような着眼点で調査が行われます。

・対象会社が直面する環境問題や環境規制等により制限される経済事象等の把握
・対象会社の保有する製造設備等が環境基準に適合しているものであるか
・対象会社の保有する不動産に潜在する重要な環境リスクの識別（例えば、土壌汚染リスクや除去対応が必要な物質の存在等）
・労働者の労働環境に関して存在する問題は存在するか（健康被害等）

(6) 知財デューデリジェンス

買い手は、対象会社が重要な知的財産を有している場合に、財務デューデリジェンスや法務デューデリジェンス、ビジネスデューデリジェンスの派生として知的財産に的を絞った調査を行うことがあります。これを知財デューデリジェンスといいます。なお、知的財産は、知的財産権として権利化されることが多く、種類としては「特許権」・「実用新案権」・「意匠権」・「商標権」・「著作権」等があります。知的財産には、権利化された知的財産の他に、ノウハウ等のように権利化されていないものの一定の価値を有するものも含まれます。

知財デューデリジェンスでは、例えば以下のような着眼点で調査が行われます。

・保有している知的財産権の把握
・知的財産に基づく競争優位性の評価
・知的財産における法的リスクの評価（対象会社が第三者の知的財産を侵

害していないか、対象会社が保有する特許権の中に従業員によって発明された職務発明が含まれていないか）
・保有する知的財産の価値評価

(7) ITデューデリジェンス

買い手は、対象会社の利用している情報システムに着目し、ITの利用状況やシステムの統合や維持に関するコスト等について調査を行うことがあります。これをITデューデリジェンスといいます。

今は、ITは業務を行う上でのインフラとして必要不可欠なものです。対象会社がITへの依存度が高い場合においては、買収後において、ITを中心に様々な課題や問題が発生することや、思わぬ投資が必要となることもあります。

ITデューデリジェンスでは、例えば以下のような着眼点で調査が行われます。

・対象会社の利用する情報システムの把握
・対象会社の利用する情報システムの複雑性や関連性の理解
・買収後必要となる情報システムへの投資の有無の調査
・情報システムの開発や変更、運用、セキュリティ対策等に関する脆弱性の評価
・情報システムの利用による業務効率化や改善等の可能性の検証

(8) 財務・税務デューデリジェンス

買い手は、対象会社の企業価値を評価するため、財務内容が適切に開示されているか、その他M&A実行後に重要な問題が生じないかを財務・税務の観点から検討します。これを財務デューデリジェンスといいます。詳細については、第2章3.にて買い手の立場から記載しています。

M&A後における関与 05

売り手の顧問税理士の立場である場合、M&Aが実行された後に顧問契約が解除されてしまうこともあります。しかし、前述のような売り手の支援を通して、売り手に対する理解や今後の支援の必要性を買い手に対して認知させることができます。会社の歴史を知り、長年会社の決算を支援してきた事実は、買い手にとっても顧問税理士が残ることのメリットとなります。

売り手の立場に立ち、M&Aに関与していた場合には、M&Aの成立後において例えば以下のような業務を従前の顧問業務に加えて提供することが可能かと思います。

・買い手実施する統合作業（PMI）の推進や業務進捗管理等の実施

・対象会社の決算支援（会計方針の変更や決算スケジュールの早期化等）

・連結パッケージの作成支援

・対象会社における内部管理体制の構築支援

・M&A時に策定されていた事業計画のモニタリング

顧問先がM&Aの売り手となった場合には、売り手はもちろんのこと、その後の買い手からの信頼を得るためにも誠実に対応することで、M&Aをきっかけに顧客を失うのではなく、顧客を防衛し、新たな業務領域における支援にもつなげることができる可能性があることを念頭に置いて、税理士としてM&Aをきっかけにより深く顧客の支援を実施していくことが期待されます。

なお、中小企業は、2022年3月に「中小PMIガイドライン〜中小M&Aを成功に導くために〜」を策定、公表し、中小M&Aを成功に導くための取り組みを整理し、ガイドラインとしてまとめていますので、実際に業務を行う場合には参考にされると良いと思います。

実例18 M&A後も顧問契約は継続するが業務量は倍になってしまった事案

石油製品の販売業を営むV社は、創業100年を超える老舗で、売上高が50億円ほどある地元でも名前の知られた優良企業である。V社社長は、父親から社長を引き継いだ後は、税理士とともに二人三脚で、優良企業の名のとおり、長年安定した経営を行ってきた。

しかし、V社社長が体力の限界を感じ、事業承継を考え、税理士とも相談し検討した結果、親族や社内後継者はいないことから、外部の会社にM&Aで会社を売却することを決断した。

V社の経営・財政状態は優良であったことから、上場会社が買い手候補としてすぐに見つかり、条件が折り合い基本合意に至った。その後、デューデリジェンス、交渉等を経て、無事に株式を譲渡することができた。

この際に、V社の顧問税理士は、買い手との交渉に立ち会い、またデューデリジェンスへの対応を行った結果、買い手からも信頼され、M&A後もV社の顧問税理士として継続することとなった。

その際に、顧問税理士は、株式譲渡によるM&Aで単純に株主が変わるだけで、V社自体が変わる訳ではないため、これまでと業務内容・量は変わらないものと思い、顧問報酬は据え置きで契約を更新したのだった。

その後、決算前の打ち合わせ時において、上場会社である買い手からは企業会計ベースでの決算を組み、かつ四半期ごとに税金計算を行うよう依頼された。

顛末としては

この顧問税理士は、上場会社の決算・税務に携わったことがなかったため、上場会社の子会社になるということは、企業会計ベースの決算・申告が求められることを知らなかったのである。

ただ、顧問報酬は据え置きで契約を更新している以上、値上げを要求することもできず、慣れない引当金の計上や税効果会計の適用等を行い、企業会計ベースでの決算・申告を行うことを余儀なくされた。

顧問税理士にとっては、M&A後も顧問として残れたことに安心せずに、M&A実行後に買い手がどのような依頼・要求をしてくるのかをよく吟味し、顧問報酬等の交渉を行うべき事例であった。

第 4 章

参考資料

中小M&Aガイドライン（抜粋）

1　支援機関向けの基本事項／税理士

（1）税理士による中小M&A支援の特色

「税理士は、税務に関する専門家として、独立した公正な立場において、申告納税制度の理念にそつて、納税義務者の信頼にこたえ、租税に関する法令に規定された納税義務の適正な実現を図ることを使命」とし（税理士法第1条）、他人の求めに応じ、租税に関し、税務代理、税務書類の作成、税務相談を行うことを業とする（同法第2条第1項）。また、同業務に「付随」する業務として「財務書類の作成、会計帳簿の記帳の代行その他財務に関する事務」を行うことができる（同条第2項）。

通常、デュー・ディリジェンス（DD）やバリュエーション（企業価値評価・事業価値評価）等の中小M&Aに関わる業務は、直接的にはこれら税理士の業務に含まれていないことから、中小M&Aに積極的に携わる税理士は限られ、税理士が顧問先のM&Aについて関与しきれていないケースもあるものと思われる。

他方、M&Aは事業の拡大又は事業承継の選択肢として、昨今、中小企業の経営者にも広く認知され、税理士が顧問先等から相談されるケースも増えているものと思われる。

税理士は中小企業の経営者にとって身近な相談役であり、顧問として中小企業の実情を把握し、中小企業の税務・会計にも精通していること等から、顧問先に対して、税務・会計に関する支援に限らず、経営支援、金融支援といった多面的な支援を行い得る立場におり、中小M&Aにおいても積極的に支援することが期待される。

税理士は顧問として継続的な役務提供を行うケースが多数であるため、本ガイドラインでは主に中小企業の顧問税理士を念頭に記載する。

なお、中小M&Aに関連する業務が通常の顧問業務の範囲外となる場合には、事前に顧問先にその旨を説明し、業務内容や報酬等について了承を得ることも必要である。中小M&Aに関連する業務は、通常の顧問業務とは別途の専門性を要することが多く、別途の報酬の請求が相当であるケースも多い。

(2) 主な支援内容

① 適正な税務申告書等の作成等

ア 助言義務

中小M&Aを進める中で対象企業の粉飾決算が明らかとなり、中小M&Aが困難となる場合がある。税理士は、顧問業務の中で期末在庫の操作や売上の水増し等、顧問先の不正会計等を確認した場合には適切な助言や指導をして、顧問先が法令の不知や税務行政に関する誤解等によって生じる損害を被ることのないようにすべき注意義務（善管注意義務）がある。

この点、税理士法第41条の3では、「税理士は、税理士業務を行うに当たって、委嘱者が不正に国税若しくは地方税の賦課若しくは徴収を免れている事実、不正に国税若しくは地方税の還付を受けている事実又は国税若しくは地方税の計算の基礎となるべき事実の全部若しくは一部を隠ぺいし、若しくは仮装している事実があることを知ったときは、直ちに、その是正をするよう助言しなければならない」とする助言義務を明記している。

なお、税理士が助言したにもかかわらず、委嘱者が助言に従わなかった場合は、助言義務違反には当たらないが、そのままその委嘱者について税理士業務を継続して行う場合には、不真正税務書類作成禁止違反等（同法第45条）に該当することになるおそれがあるため留意する必要がある。

イ コーポレート・ガバナンスの構築支援

中小企業においては、会社法で求められている株主名簿や株主総会・取締役会の議事録等の整備が不十分な場合が少なくない。

こういった点が整備され、コーポレート・ガバナンスが構築されていることにより、譲り受け側が円滑にM&Aを行えるとの判断に資することもあるため、税理士は顧問先に対し今後の中小M&Aに備えてその整備を支援することが望まれる。

ウ　株式・事業用資産等の整理・集約の支援

中小M&Aにおいては、名義株や所在不明株主の存在、役員社宅や役員貸付金、役員保険といった同族関係者と会社との取引、事業用資産の所有関係等、未計上の退職給付債務や未払残業代等の簿外債務等が問題となるケースが多く、顧問先にこのような問題がある場合には、予め弁護士等と連携し、整理をしておくことが望ましい（この点については、「4　弁護士」「(2)　主な支援内容」「①株式・事業用資産等の整理・集約の支援」【93ページ以下】参照）。

② 中小M&Aに伴う経営者保証解除の円滑な実現に向けた支援

税理士は、中小M&Aに伴う経営者保証解除の円滑な実現に向け、「経営者保証に関するガイドライン」及び「経営者保証に関するガイドラインの特則」に即した対応について、必要に応じて助言することが望ましい。

③ 中小M&Aの課税関係等を踏まえた適切な助言及び提案

中小M&Aは、一般的に株式譲渡又は事業譲渡で行われるケースが多く、また、通常、代表者交代が行われるタイミングであることから、代表者への役員退職慰労金の支払と組み合わせて行うこともある。いずれの場合も各々にメリット・デメリットがあり、税理士は顧問先からM&Aについて相談を受けた場合には、これらメリット・デメリットを総合的に勘案し、適切な助言やスキームの提案等が期待される。

なお、中小M&Aにより株主である経営者個人に所得が生じた場合には、所得税・住民税のほか、（会社の社会保険に加入していないときは）国民健康保険料又は後期高齢者医療保険料にも影響があるため留意する必要がある。

また、一般的には、株式譲渡契約書等は印紙税の非課税文書であるが、当該株式譲渡契約書等に代金受領の記載がある場合には、課税文書（印紙税法別表第1第17号の1文書）に該当し、収入印紙の貼り付けが必要となるため留意する必要がある。

ア　株式譲渡

一般的に「株式譲渡」は、許認可等の再取得や登記手続等が不要で手続が簡便であること、株式取得後合併等をした場合において一定の要件を満たしたときは対象企業の欠損金を引き継ぐことができること等のメリットがある。

他方、デメリットとしては、未払残業代等の簿外債務や賠償義務、不要な余剰資産の引継ぎリスク等が生じ得る。

なお、株主である経営者個人の税金については、株式譲渡の場合、譲渡益に対する分離課税（税率20.315％）で課税関係が終了する。

株式譲渡契約書については、参考資料７（4）「株式譲渡契約書サンプル」を参照されたい。

イ　事業譲渡

「事業譲渡」は、取得する資産・負債の取捨選択により株式譲渡で挙げた簿外債務等のリスクを限定することができること、所在不明株主の存在や株式の分散等により株式譲渡の手法でM&Aを行うことは困難でも株主総会特別決議の可決承認が可能な場合には有効な手段であること、資産調整勘定（のれん）が生じた場合には損金算入することができること等のメリットがある。

他方、デメリットとしては、資産等の個別の移転手続が必要となること、不動産を取得する場合には不動産取得税・登録免許税が生じること、また、許認可等についても原則、取り直す必要があること（なお、登録免許税・不動産取得税の特例、許認可承継の特例は後述する。）等が生じ得る。

また、事業譲渡の場合、減価償却資産等は消費税の課税売上に該当するため、課税事業者である場合には消費税等の課税関係についても留意が必要である。

なお、株主である経営者個人の税金については、事業譲渡の場合、譲渡対価は法人に帰属するため、益金に対し法人税等の課税が生じる。その後、株主である経営者に配当又は役員報酬等で還流をする場合には、総合課税（税率15.105％～55.945％）の対象となることから、分離課税となる役員退職慰労金の支給と併せて検討することもあり得る。

事業譲渡契約書については、参考資料７（5）「事業譲渡契約書サンプル」を参照されたい。

④　中小企業等経営強化法における登録免許税・不動産取得税の特例、許認可承継の特例

中小企業等経営強化法の経営力向上計画（以下「認定計画」という。）の認定を受けた事業者は、認定計画実行のための支援措置（税制措置、金融支援、法的支援）を受けることができる。具体的には、税制措置として、認定計画に基づき取得した一定の設備に係る法人税等の特例、認定計画に基づき行った事業承継等に係る登録免許税・不動産取得税の特例があり、金融支援として、日本政策金融公庫の低利融資、民間金融機関の融資に対する信用保証協会による信用保証、債務保証等の資金調達に関する支援を受けることができる。また、法的支援として、各種業法上の許認可の承継の特例、組合の発起人数に関する特例、事業譲渡の際の免責的債務引受に関する特例措置を受けることができる。

なお、中小企業等経営強化法における支援措置のうち、法人税等の特例及び登録免許税・不動産取得税の特例については適用期限があるため、留意されたい。

⑤　税務DD

税務デュー・ディリジェンス（税務DD）とは、対象会社の企業価値に影響する潜在的な税務リスク（例えば、過去の申告内容の誤りによる追徴課税等）の把握等の観点から必要に応じて行うものであり、実行に当たっては、依頼者と協議の上、調査対象範囲・対象年度・手法を決定することとなる。

一般的に、税務DDにおいて実施される調査手続は、以下のとおりである。

・対象会社の経営陣、顧問税理士等に対するインタビュー
・過去の税務申告書のレビュー
・過去の税務調査・税務訴訟等の把握
・過去の組織再編、資本取引等の税務処理の把握
・税務上の欠損金の使用可能性、各種税制の適用状況の把握　等

顧問税理士は、顧問先が対象となる法務・財務・税務等のデュー・ディリジェンス（DD）については、必要となる資料の提供、過去の会計処理や税務処理に対

するインタビュー等について積極的に協力することが望ましい。

⑥　バリュエーション（企業価値評価・事業価値評価）

バリュエーション（企業価値評価・事業価値評価）の方法は、大きくコストアプローチ（ネットアセットアプローチ）（時価純資産法等）、マーケットアプローチ（類似会社比較法（マルチプル法）等）、インカムアプローチ（DCF法等）に分類されるが、中小M&Aの場合、時価純資産法で算定されるケースが多い。「相続税財産評価に関する基本通達（財産評価基本通達）」による取引相場のない株式の評価（純資産価額方式）は、時価純資産法に類似しており、税理士の業務知識でも対応可能であると考えられる。このため、税理士は、顧問先から譲渡対価の価額の妥当性について相談を受けた場合には、適切な助言等をすることが期待される。

しかしながら、企業価値評価・事業価値評価については前述のとおり様々な方法があり、判断が困難な場合も想定されることから、この場合には、M&Aを専門とする公認会計士等の専門家や公的機関と連携することが必要である。

⑦　マッチングサイト等の活用

税理士が仲介者又はFAとして主導する中小M&Aにおいては、民間のM&Aプラットフォーマーが運用しているM&Aプラットフォームや日本税理士会連合会が運用している顧問税理士が関与先企業の窓口となって引継ぎ先を探すためのマッチングサイト「担い手探しナビ」（参考資料10「日本税理士会連合会『担い手探しナビ』」参照）等を積極的に活用することも期待される。

⑧　債務超過企業に対する中小M&A支援

事業の価値は最終的には譲り受け側の評価により決まるものであり、一概に債務超過だからといって廃業しか選択肢がないとは限らない。また、簿価純資産上は債務超過でも時価純資産（修正簿価純資産）上は資産超過となる場合もある。顧問税理士は、債務超過の顧問先から廃業の相談等を受けた場合には、中小M&Aの可能性についても検討することが期待される。

この際、譲り受け側に事業の価値を見出してもらうためには、譲り受け側に対する譲り渡し側の事業についての詳細な情報開示が必要であり、顧問税理士は積極的に協力する必要がある。

また、債務整理手続を要する場合には、債権者との間で債務減免等の交渉が必要となる場合があり、この場合には中小企業活性化協議会や事業再生を専門とする弁護士等の専門家と連携することも重要である。なお、債務超過企業においては、経営者保証に係る保証債務の整理が問題となる場合もある。税理士は「経営者保証に関するガイドライン」に即した対応について、助言することが望ましい（債務超過企業のM&A支援については、「4　弁護士」「(2)　主な支援内容」「⑤　債務超過企業に対する中小M&A支援」【95ページ以下】参照）。

2 基本合意書サンプル

基本合意書

【譲り渡し側（株式会社)】（代表者：○○、本店所在地：○○。以下「対象会社」という。）の株主【譲り渡し側株主】（以下「甲」という。）及び対象会社の株式の譲受希望者【譲り受け側】（以下「乙」という。）は、乙が対象会社の発行済株式の全部を甲より譲り受ける件（以下「本株式譲渡」という。）に関する基本的な事項について、以下のとおり合意した（以下「本合意」という。)。

第１条（目的）

1　乙は、○○年○○月○○日を期限に、対象会社の発行済株式の全部を譲り受ける意向を有し、甲はそれを了承した。

2　甲は、乙に対し対象会社株式を譲渡するものとし、改めて甲と乙の間で株式譲渡契約（以下「最終契約」という）を締結する。

第２条（承継対象財産及び個人保証解除）

1　乙が最終契約により甲から承継する財産（以下「承継対象財産」という。）は、甲が保有する、対象会社の発行済株式の全てである普通株式○○株とする。

2　乙は、本株式譲渡に際し、対象会社の債務を対象会社の役職員が保証している契約につき、当該保証が解除されるよう最大限努力する。

第３条（譲渡価額）

第２条第１項に規定する承継対象財産の対価（以下「譲渡価額」という。）は、金○○円を目途とする。ただし、正式な譲渡価額は、最終契約締結時に甲乙双方の協議により合意した金額とする。

第4条（デュー・ディリジェンス）

乙は、本合意締結の日から1か月間を目処に、対象会社の○○年○○月○○日時点における貸借対照表その他の事前開示資料の正確性及び妥当性等を検証するため、対象会社に対する調査（デュー・ディリジェンス）を行うことができるものとし、甲はこれに協力するものとする。

第5条（独占的交渉権）

甲は、本合意の有効期間中は他のいかなる者との間でも、対象会社に係るM&A取引（対象会社株式の譲渡及び取得、対象会社の事業譲渡及び譲受、増資の引受け、合併、株式交換、会社分割、資本業務提携等の取引をいう。）に関する交渉を行ってはならない。

第6条（善良な管理者の注意義務）

甲は、本合意締結後、最終契約締結までの間は、善良な管理者の注意をもって、対象会社の業務の執行及び財産の管理運営を行い、乙の事前の同意を得ずして、対象会社において次の各号に掲げる行為、その他対象会社の経営内容に重大な影響を与える行為をしてはならない。

① 重大な資産の譲渡、処分、賃借権の設定等

② 新たな借入れ実行その他の債務負担行為及び保証、担保設定行為

③ 非経常的な設備投資及び仕入行為

④ 非経常的な契約の締結及び解約、解除

⑤ 非経常的な従業員の新規採用

⑥ 増資、減資

⑦ 前各号の他、日常業務に属さない事項

第7条（秘密保持義務）

1　甲及び乙は、(i) 本株式譲渡の検討又は交渉に関連して相手方から開示を受けた情報、(ii) 本合意の締結の事実並びに本合意の存在及び内容、並びに (iii) 本株式譲渡に係る交渉の経緯及び内容に関する事実（以下「秘

密情報」と総称する。）を、相手方の事前の書面による承諾なくして第三者に対して開示してはならず、また、本合意の目的以外の目的で使用してはならない。ただし、上記（i）の秘密情報のうち、以下の各号のいずれかに該当する情報は、秘密情報に該当しない。

① 開示を受けた時点において、既に公知の情報

② 開示を受けた時点において、情報受領者が既に正当に保有していた情報

③ 開示を受けた後に、情報受領者の責に帰すべき事由によらずに公知となった情報

④ 開示を受けた後に、情報受領者が正当な権限を有する第三者から秘密保持義務を負うことなく正当に入手した情報

⑤ 情報受領者が秘密情報を利用することなく独自に開発した情報

2　甲及び乙は、前項の規定にかかわらず、以下の各号のいずれかに該当する場合には、秘密情報を第三者に開示することができる。

① 自己（甲においては対象会社を含む。）の役員及び従業員並びに弁護士、公認会計士、税理士、司法書士及びフィナンシャル・アドバイザーその他のアドバイザーに対し、本合意の目的のために合理的に必要とされる範囲内で秘密情報を開示する場合。ただし、開示を受ける者が少なくとも本条に定める秘密保持義務と同様の秘密保持義務を法令又は契約に基づき負担する場合に限るものとし、かかる義務の違反については、その違反した者に対して秘密情報を開示した当事者が自ら責任を負う。

② 法令等の規定に基づき、裁判所、政府、規制当局、所轄官庁その他これらに準じる公的機関・団体（事業引継ぎ支援センターを含む。）等により秘密情報の開示を要求又は要請される場合に、合理的に必要な範囲内で当該秘密情報を開示する場合。なお、かかる場合、相手方に対し、かかる開示の内容を事前に（それが法令等上困難である場合は、開示後可能な限り速やかに）通知しなければならない。

3　甲及び乙は、本株式譲渡が成約に至らなかった場合には、相手方より開示された秘密情報（その写しも含む。）を、相手方から返還請求があれば速やかに返還する。

4　第９条に定める本合意の有効期間にかかわらず、本条に定める秘密保持の義務は別段の定めがない限り、本合意の有効期間満了後３年間存続する。

第８条（法的拘束力）

本合意第１条ないし第３条における定めは、本合意時点における本株式譲渡についての甲乙間の了解事項の確認を目的とするものであり、何らの法的拘束力を有しない。

第９条（有効期間）

本合意は本合意締結の日より発効し、本合意が解除される場合又は最終契約の履行が完了した場合を除き、○○年○○月○○日までは有効に存続する。

第10条（準拠法・合意管轄）

1　本合意は、日本法に準拠し、これに従って解釈される。

2　本合意に関する一切の紛争（調停を含む。）については、○○地方裁判所を第一審の専属的合意管轄裁判所とする。

第11条（誠実協議）

甲及び乙は、本合意に定めのない事項及び本合意の条項に関して疑義が生じた場合には、信義誠実の原則に従い、誠実に協議の上解決する。

（以下、本頁余白）

本合意締結の証として本書２通を作成し、甲乙記名押印の上、各１通を保有する。

○○年○○月○○日

甲
（住　所）
（氏　名）　　　　　　　　　　　㊞

乙
（所在地）
（名　称）
（代表者）　　　　　　　　　　　㊞

3　株式譲渡契約書サンプル

株式譲渡契約書

【譲り渡し側株主】（以下「甲」という。）及び【譲り受け側】（以下「乙」という。）は、【譲り渡し側（株式会社）】（代表者：○○、本店所在地：○○。以下「対象会社」という。）の発行済株式の全てである普通株式○○株（以下「本株式」という。）の甲から乙に対する譲渡（以下「本株式譲渡」という。）に関し、本日、以下のとおり株式譲渡契約（以下「本契約」という。）を締結する。

注：簡易な株式譲渡契約書として、次の条項のみを設ける例もあり得る。
第１条（目的）
第２条（本株式の譲渡）
第３条（譲渡価格）
第４条（本株式譲渡の実行）
第１３条（甲の義務）
第１４条（乙の義務）
第１５条（本契約の解除）
第１８条（秘密保持義務）
第２７条（誠実協議）

第１章　本株式の譲渡

第１条（目的）

本契約は、対象会社の一層の発展を目指し、本株式を甲が乙に対して譲渡することにより、対象会社の経営権を乙に移転することを目的として、締結する。

第２条（本株式の譲渡）

甲は、乙に対し、本契約の規定に従い、○○年○○月○○日又は甲及び乙が書面により別途合意する日（以下「クロージング日」という。）において、本株式を譲り渡し、乙は甲から本株式を譲り受ける。

第３条（譲渡価格）

本株式譲渡における本株式の対価（以下「本譲渡価額」という。）は、金○○円（１株あたり金○○円）とする。

第４条（本株式譲渡の実行）

1　甲は、乙に対し、クロージング日に、乙から本譲渡価額の支払を受けることと引換えに、次の各号の書類を交付する。

① 甲の印鑑証明書

② 本株式に係る株券

③ 第５条第２号及び第９条第１号に定める本株式譲渡を承認した対象会社の取締役会決議に係る議事録の原本証明付写し

注：多くの中小企業は、発行済株式が全て譲渡制限株式である会社（いわゆる非公開会社）であり、株式譲渡については会社の承認（原則として、取締役会設置会社では取締役会決議、取締役会非設置会社では株主総会決議を要するが、定款でそれ以外の方法とすることもできる。）が必要である。

④ 第12条第１項及び第２項に定める対象会社の全取締役及び全監査役の辞任届

⑤ 対象会社の株主名簿（クロージング日の前日時点でのもの）の原本証明付写し

2　乙は、甲に対し、クロージング日に、前項各号の書類の引渡しを受けることと引換えに、本譲渡価額を支払う。

3　前項の支払は、乙が下記の銀行口座に振込送金する方法により行う。ただし、振込手数料は乙の負担とする。

記

銀行支店名　○○銀行　○○支店
口座種別　普通預金
口座番号　○○
口座名義　甲

4　本株式譲渡の効力は、本条第1項に従い行われる株券の交付時に生じる。

注：本サンプルは、対象会社が株券発行会社であるという前提である。株券発行会社の場合、有効な株式譲渡のためには、原則として株券の交付が必要である。

5　甲及び乙は、クロージング日において、甲及び乙による本条第1項及び第2項の各義務の履行（以下「クロージング」という。）後直ちに、対象会社をして、本株式に係る甲から乙への株主名簿の名義書換を行わせる。

注：株券発行会社であるか否かにかかわらず、株式譲渡後には、株主名簿の名義書換を行う必要がある。

第2章　前提条件

第5条（乙のクロージングの前提条件）

乙は、クロージング日において甲について次の各号が満たされていることを前提条件として、第4条第2項に定める乙の義務を履行する。なお、クロージング日において以下の各号の条件が一部でも満たされていない場合には、乙は、第4条第2項に定める義務の履行を拒絶できるが、その任意の裁量により、以下の各号の条件の一部又は全部を放棄することができる。ただし、かかる条件の一部又は全部の放棄によっても、以下の各号の条件が充足したとみなされるものではなく、また、甲は、本契約に基づく表明及び保証の違反に基づく責任その他本契約に定める甲の責任を減免されるものではない。

① 第７条に規定する甲の表明及び保証が、クロージング日において、真実かつ正確であること。ただし、軽微な点における誤りは除く。

② 第９条に規定する甲の義務が全て履行されていること。

第６条（甲のクロージングの前提条件）

甲は、クロージング日において乙について次の各号が満たされていることを前提条件として、第４条第１項に定める甲の義務を履行する。なお、クロージング日において以下の各号の条件が一部でも満たされていない場合には、甲は、第４条第１項に定める義務の履行を拒絶できるが、その任意の裁量により、以下の各号の条件の一部又は全部を放棄することができる。ただし、かかる条件の一部又は全部の放棄によっても、以下の各号の条件が充足したとみなされるものではなく、また、乙は、本契約に基づく表明及び保証の違反に基づく責任その他本契約に定める乙の責任を減免されるものではない。

① 第８条に規定する乙の表明及び保証が、クロージング日において、真実かつ正確であること。ただし、軽微な点における誤りは除く。

② 第10条に規定する乙の義務が全て履行されていること。

第３章　表明及び保証

第７条（甲の表明及び保証）

甲は、乙に対し、本契約締結日及びクロージング日において、別紙１に記載の各事項が真実かつ正確であることを表明し保証する。

第８条（乙の表明及び保証）

乙は、甲に対し、本契約締結日及びクロージング日において、別紙２に記載の各事項が真実かつ正確であることを表明し保証する。

第4章　クロージング前の取扱い

第9条（甲の義務）

甲は、乙に対し、本契約締結日後クロージングまでの間に、次の各号に定める義務を履行するものとする。

① 甲は、対象会社の取締役会をして、本株式譲渡を承認する旨の決議をさせなければならない。

② 甲は、対象会社をして、対象会社の活動を通常の事業活動の範囲内で行わせなければならず、通常の事業活動の範囲外の活動については、事前に乙の同意を得なければ行わせてはならない。

③ 甲は、第7条に規定する表明保証に違反することとなる行為を行わず、違反の事実又はそのおそれが生じた場合、直ちにその旨並びに当該事実又はそのおそれの詳細を乙に対して通知する。

第10条（乙の義務）

乙は、甲に対し、本契約締結日後クロージングまでの間に、第8条に規定する表明保証に違反することとなる行為を行わず、違反の事実又はそのおそれが生じた場合、直ちにその旨並びに当該事実又はそのおそれの詳細を甲に対して通知する義務を負う。

第5章　クロージング後の取扱い

第11条（役員退職慰労金の支払）

1　乙は、対象会社をして、クロージング後速やかに、クロージングに際して対象会社の代表取締役を辞任する甲に対して金○○円の役員退職慰労金を支払う旨の承認決議を行わせ、甲に対して当該役員退職慰労金を支払わせるものとする。

2　乙は、対象会社をして、前項の金員を、下記の銀行口座に振込送金する方法により支払わせる。ただし、振込手数料は対象会社の負担とする。

記

銀行支店名　○○銀行　○○支店
口座種別　普通預金
口座番号　○○
口座名義人　甲

3　乙は、対象会社をして、本条に定める役員退職慰労金の支払について、法令等に従い、所要の源泉徴収を行わせる。

第12条（対象会社の役員）

1　甲は、クロージング日付の辞任届を作成して対象会社に提出し、クロージングに際して対象会社の取締役及び代表取締役を辞任する。

2　甲は、対象会社の甲以外の全取締役及び全監査役をして、クロージング日付の辞任届を作成させて対象会社に提出させ、クロージングに際して対象会社の取締役ないし監査役を辞任させる。

3　甲は、乙がクロージング日においてクロージング後直ちに対象会社の株主総会を開催して、乙が、(i) 別途指定するとおり対象会社の定款を変更し、かつ、(ii) 別途指名する者を対象会社の役員に選任できるよう協力する。

第13条（甲の義務）

1　甲は、クロージング後、乙の合理的な求めに応じて、必要な引継ぎ（決算及び税務申告に関するものを含む。）について、合理的な範囲で協力する。甲及び乙は、別途協議して、引継ぎの詳細を取り決める。

2　甲は、本契約締結後○年間は、乙及び対象会社の書面による承諾がない限り、対象会社と競業関係に立つ業務を行わず、又は第三者をしてこれを行わせない。

3　甲は、本契約締結後○年間、自ら又はその関係者を通じて、対象会社の従業員を勧誘し、対象会社からの退職を促し、又はその他何らの働きかけも行わないことを約する。

4　甲は、乙又は対象会社が、甲の表明及び保証が正確若しくは真実でなかったこと又は甲の本契約上の債務不履行に関し、第三者から損害賠償の請求その他のクレームを受けた場合、乙からの求めに応じ、当該クレームの処理につき乙又は対象会社に協力する。

5　甲は、本株式について、所有権、株主権その他の権利を主張する第三者の存在が判明した場合には、甲の費用と責任において、当該第三者が主張する本株式に関する一切の権利を消滅させる。

6　甲は、クロージング前の商取引等に関する税務調査を受けた乙から連絡を受けた場合には、相互に協力して対応する。

第14条（乙の義務）

1　乙は、原則として、クロージング後、対象会社の従業員を全員継続雇用する。

2　乙は、クロージング前の商取引等に関する税務調査を受けた甲から連絡を受けた場合には、相互に協力して対応する。

3　乙は、対象会社をして、対象会社の債務を対象会社の役職員が保証している契約につき、当該契約の相手方と書面又は口頭による交渉を行い、当該保証の解除を合意させ、かつ、当該保証が合意解除されたことを示す書類を甲に交付するよう最大限努力する。甲が対象会社のために保証している契約について、保証債務の履行その他の損害、損失又は費用が発生した場合には、乙は、甲の損害、損失又は費用を補償する。

第6章　解除

第15条（本契約の解除）

1　甲及び乙は、相手方に本契約に定める表明保証、義務又は約束に違反があった場合、相当期間を定めて催告し、相手方が当該期間内にこれを是正しないときは、クロージング前に限り、本契約を解除することができる。

2　甲及び乙は、前項の定めにかかわらず、相手方が、別紙1の（1）⑤及び（2）⑭に規定する第7条に基づく甲の表明及び保証に違反した場合又は別紙2の⑤に規定する第8条に基づく乙の表明及び保証に違反した場合には、相手方に対して書面で通知することで、本契約を解除することができる。

3　本契約の解除後も、第7章の規定に基づく補償の請求は妨げられない。

第7章　補償

第16条（甲による補償）

1　甲は、乙に対し、第7条に定める甲の表明保証の違反又は本契約に基づく甲の義務の違反に起因又は関連して乙が被った損害、損失又は費用（合理的な弁護士費用を含む。以下「損害等」という。）を補償する。

2　前項の補償のうち、甲の表明保証の違反に基づく補償責任は、乙が、クロージング日から○年経過するまでに書面により甲に請求した場合に限り生じるものとし、合計損害額○○円を上限とする。

3　甲は、乙が第1項に基づく補償の請求の対象となる自らの損害等の拡大を防止するための措置を執らなかったことにより拡大した損害等については、第1項に基づく補償責任を条理上合理的な範囲で免れるものとする。

4　本契約に商法第526条の規定は適用されないものとする。

第17条（乙による補償）

1　乙は、甲に対し、第8条に定める乙の表明保証の違反又は本契約に基づく乙の義務の違反に起因又は関連して甲が被った損害等を補償する。

2　前項の補償のうち、乙の表明保証の違反に基づく補償責任は、甲が、クロージング日から○年経過するまでに書面により乙に請求した場合に限り生じるものとし、合計損害額○○円を上限とする。

3　乙は、甲が第1項に基づく補償の請求の対象となる自らの損害等の拡大を防止するための措置を執らなかったことにより拡大した損害等については、第1項に基づく補償責任を条理上合理的な範囲で免れるものとする。

第8章　一般条項

第18条（秘密保持義務）

1　甲及び乙は、本契約締結日から○年間、(i) 本契約の検討又は交渉に関連して相手方から開示を受けた情報、(ii) 本契約の締結の事実並びに本契約の存在及び内容、並びに (iii) 本契約に係る交渉の経緯及び内容に関する事実（以下「秘密情報」と総称する。）を、相手方の事前の書面による承諾なくして第三者に対して開示してはならず、また、本契約の目的以外の目的で使用してはならない。ただし、上記 (i) の秘密情報のうち、以下の各号のいずれかに該当する情報は、秘密情報に該当しない。

① 開示を受けた時点において、既に公知の情報

② 開示を受けた時点において、情報受領者が既に正当に保有していた情報

③ 開示を受けた後に、情報受領者の責に帰すべき事由によらずに公知となった情報

④ 開示を受けた後に、情報受領者が正当な権限を有する第三者から秘密保持義務を負うことなく正当に入手した情報

⑤ 情報受領者が秘密情報を利用することなく独自に開発した情報

2　甲及び乙は、前項の規定にかかわらず、以下の各号のいずれかに該当する場合には、秘密情報を第三者に開示することができる。

① 自己（甲においては対象会社を含む。）の役員及び従業員並びに弁護士、公認会計士、税理士、司法書士及びフィナンシャル・アドバイザーその他のアドバイザーに対し、本契約に基づく取引のために合理的に必要とされる範囲内で秘密情報を開示する場合。ただし、開示を受ける者が少なくとも本条に定める秘密保持義務と同様の秘密保持義務を法令又は契約に基づき負担する場合に限るものとし、かかる義務の違反については、その違反した者に対して秘密情報を開示した当事者が自ら責任を負う。

② 法令等の規定に基づき、裁判所、政府、規制当局、所轄官庁その他これらに準じる公的機関・団体（事業引継ぎ支援センターを含む。）等により秘密情報の開示を要求又は要請される場合に、合理的に必要な範囲内で当該

秘密情報を開示する場合。なお、かかる場合、相手方に対し、かかる開示の内容を事前に（それが法令等上困難である場合は、開示後可能な限り速やかに）通知しなければならない。

第19条（第三者への公表日）

1　本契約締結及びこれに関する一切の事実の対外的公表の日（以下「公表日」という。）は、○○年○○月○○日とする。当該対外的公表の方法等については、甲及び乙が協議の上決定する。

2　各当事者は、公表日まで、本契約締結及びこれに関する一切の事実について秘密保持に努めるものとする。

第20条（公租公課及び費用）

甲及び乙は、原則として、本契約及び本契約が予定する取引に関連して発生する公租公課、アドバイザーに対する費用・報酬、その他一切の費用については、各自これを負担する。

第21条（通知等）

本契約に関する相手方に対する通知等は、後記当事者欄記載の住所ないし所在地に対して行われる。ただし、甲及び乙は、本契約締結後、書面により相手方に通知することにより、連絡先の変更を行うことができる。本条に従い通知等がされたにもかかわらず、当該通知等が延着し又は未着となった場合、通常到達すべき日に到達したものとみなされ、その効力が発生する。

第22条（残存効）

本契約が終了した場合であっても、第7章及び第8章（第19条を除く。）の規定は引き続き効力を有する。

第23条（完全合意）

本契約は、本株式譲渡に関する当事者の完全な合意であり、これ以前に本株式譲渡に関して甲乙間で交わされた文書、口頭を問わず、いかなる取決め（秘密保持に関する契約を含む。）も全て失効する。

第24条（契約上の地位又は権利義務の譲渡等）

甲及び乙は、相手方の書面による事前の承諾を得ない限り、本契約上の地位又は本契約に基づく権利義務につき、直接又は間接を問わず、第三者に譲渡、移転、承継又は担保権の設定その他の処分をしてはならない。

第25条（条項の可分性）

本契約の一部の条項が無効、違法又は執行不能となった場合においても、その他の条項の有効性、適法性及び執行可能性はいかなる意味においても損なわれることなく、また、影響を受けない。

第26条（準拠法・管轄）

1　本契約は、日本法に準拠し、これに従って解釈される。

2　本契約に関する一切の紛争（調停を含む。）については、○○地方裁判所を第一審の専属的合意管轄裁判所とする。

第27条（誠実協議）

甲及び乙は、本契約に定めのない事項及び本契約の条項に関して疑義が生じた場合には、信義誠実の原則に従い、誠実に協議の上解決する。

（以下、本頁余白）

本契約締結の証として本書2通を作成し、甲乙記名押印の上、各1通を保有する。

○○年○○月○○日

甲
（住　所）
（氏　名）　　　　　　　　　　　　㊞

乙
（所在地）
（名　称）
（代表者）　　　　　　　　　　　　㊞

（別紙1）甲が表明及び保証する事項

（1）甲に関する表明及び保証

① 自然人

甲は、日本国籍を有し日本国に居住する自然人であること。

② 本契約の締結及び履行

甲は、本契約を適法かつ有効に締結し、これを履行するために必要な権限及び権能を全て有しており、法令等上の制限及び制約を受けていないこと。

③ 強制執行可能性

本契約は、甲により適法かつ有効に締結されており、かつ乙により適法かつ有効に締結された場合には、甲の適法、有効かつ法的拘束力のある義務を構成し、かかる義務は、本契約の各条項に従い、甲に対して執行可能であること。

④ 法令等との抵触の不存在

甲による本契約の締結及び履行は、(i) 甲に適用ある法令等又は司法・行政機関等の判断等に違反するものではなく、(ii) 甲が当事者である契約等について、債務不履行事由等を構成するものではないこと。また、甲による本契約の締結又は履行に重大な影響を及ぼす、甲を当事者とする訴訟等は係属しておらず、かつ、将来かかる訴訟等が係属するおそれもないこと。

⑤ 反社会的勢力との関係の不存在

甲は、反社会的勢力ではなく、反社会的勢力との間に取引、資金の提供、便宜の供与、経営への関与その他一切の関係又は交流がないこと。

なお、反社会的勢力とは、以下の者のことを指し、本契約において以下同じとする。

i 暴力団（その団体の構成員（その団体の構成団体の構成員を含む。）が集団的に又は常習的に暴力的不法行為等を行うことを助長するおそれがある団体をいう。）

ii 暴力団員（暴力団の構成員をいう。）

iii 暴力団準構成員（暴力団員以外の暴力団と関係を有する者であって、暴力団の威力を背景に暴力的不法行為等を行うおそれがある者、又は暴力団若しくは暴力団員に対し資金、武器等の供給を行う等、暴力団の維持若しくは運営に協力し若しくは関与する者をいう。）

iv 暴力団関係企業（暴力団員が実質的にその経営に関与している企業、暴力団準構成員若しくは元暴力団員が経営する企業で暴力団に資金提供を行う等、暴力団の維持若しくは運営に積極的に協力し若しくは関与する企業又は業務の遂行等において積極的に暴力団を利用し暴力団の維持若しくは運営に協力している企業をいう。）

v 総会屋等（総会屋、会社ゴロ等企業等を対象に不正な利益を求めて暴力的不法行為等を行うおそれがあり、市民生活の安全に脅威を与える者をいう。）

vi 社会運動等標ぼうゴロ（社会運動若しくは政治活動を仮装し、又は標ぼうして、不正な利益を求めて暴力的不法行為等を行うおそれがあり、市民生活の安全に脅威を与える者をいう。）

vii 特殊知能暴力集団等（上記ⅰないしⅵに掲げる者以外の、暴力団との関係を背景に、その威力を用い、又は暴力団と資金的なつながりを有し、構造的な不正の中核となっている集団又は個人をいう。）

viii　その他上記ⅰないしⅶに準ずる者

⑥　倒産手続等の不存在

甲について、支払停止、手形不渡、銀行取引停止等の事由は生じておらず、かつ、破産、民事再生等の倒産手続開始の申立てはされておらず、それらの申立て事由も生じておらず、私的整理も行われていないこと。

⑦　対象会社との取引の不存在

クロージング日において、甲と対象会社の間には、甲が対象会社の役員として提供する役務及びそれに対する報酬等の支払を除き、役務、便益の提供その他の取引（契約書の有無を問わない。）は存在しないこと。ただし、本契約において記載がある事項については、この限りではない。

(2)　対象会社に関する表明及び保証

①　対象会社の設立及び存続

対象会社は、日本法に基づき適法かつ有効に設立され、かつ存続する株式会社であり、現在行っている事業に必要な権限及び権能を有していること。

②　対象会社の株式

i　対象会社の発行済株式は本株式が全てであること。本株式は、その全てが適法かつ有効に発行され、全額払込済みの普通株式であること。

ii　甲は、本株式の全てを何らの負担、制限及び制約のない状態で、適法かつ有効に所有していること。

iii　本株式について、訴訟等、クレーム等、司法・行政機関等の判断等は存在しないこと。

iv　対象会社は、転換社債、新株引受権付社債、新株引受権、新株予約権、新株予約権付社債その他対象会社の株式を取得できる権利を発行又は付与していないこと。

③　子会社及び関連会社の不存在

対象会社は、子会社及び関連会社を有していないこと。

④　倒産手続等の不存在

対象会社について、支払停止、手形不渡、銀行取引停止等の事由は生じておらず、かつ、破産、民事再生、会社更生、特別清算等の倒産手続開始の申立てはされておらず、それらの申立て事由も生じておらず、私的整理も行われていないこと。

⑤　計算書類等

○○年○○月○○日を終期とする事業年度に係る対象会社の計算書類その他の甲が乙に開示した計算書類等（以下「本計算書類等」という。）は、適用ある法令等及び日本において一般に公正妥当と認められる企業会計の基準に従って作成されており、その作成基準日及び対象期間における対象会社の財政状態及び経営成績を、重要な点において正確に示していること。

⑥　資産

対象会社は、その事業の遂行のために使用している有形又は無形資産につき、有効かつ対抗要件を具備した所有権、賃借権又は使用権を保有しており、かかる資産上には対象会社以外の者に対する債権を被担保債権とする担保権は存在しないこと。また、対象会社の所有に係る不動産は、良好な状態に維持されており、重要な変更を加えられていないこと。

⑦　知的財産権

対象会社は、その事業を遂行するにあたり必要な全ての特許権、実用新案権、意匠権、商標権、著作権その他の知的財産権（以下「知的財産権」という。）について、自ら保有するか又は知的財産権を使用する権利を有しており、第三者の知的財産権を侵害しておらず、過去に侵害した事実もなく、侵害しているとのクレームを受けたこともないこと。また、第三者が対象会社の知的財産権を侵害している事実もないこと。

⑧　負債

対象会社は、保証契約、保証予約、経営指導念書、損失補填契約、損害担保契約その他第三者の債務を負担し若しくは保証し、又は第三者の損失を補填し若しくは担保する契約の当事者ではないこと。対象会社は、○○年○○月○○日以降、通常の業務過程で生じる債務及び負債、本計算書類等に記載された負債、第１１条に従い甲に支払われる役員に係る役員退職慰労金債務を除き、一切の債務及び負債を負担していないこと。

⑨ 重要な契約

対象会社が締結する重要な契約は全て有効に成立・存続し、それぞれ各契約の全当事者を拘束し、かつ執行可能な義務を構成すること。全ての重要な契約に関し、これらの内容を変更若しくは修正し、又は契約の効果を減ずるような約束は、口頭又は文書を問わず一切存在しないこと。全ての重要な契約について、本契約の締結及び履行は解除事由又は債務不履行を構成せず、また、当該契約の相手方による理由なき解除を認める規定は存在しないこと。全ての重要な契約について、対象会社の債務不履行の事実は存在せず、また、今後債務不履行が発生するおそれもないこと。

⑩ 競業避止義務の不存在

対象会社は、取引先等との契約において、競業避止義務等の義務のうち、その事業の遂行に重大な影響を与える制限を内容とする義務を負っていないこと。

⑪ 労働関係

対象会社は、その従業員に対し法令等上支払義務を負っている全ての賃金を支払っていること。対象会社には、ストライキ、ピケッティング、業務停止、怠業その他従業員との間での労働紛争は存在しないこと。対象会社は、いかなる従業員に対しても、退職金等の経済的利益を提供する義務を負っていないこと。対象会社には労働組合は存在しないこと。

⑫ 税務申告等の適正

対象会社は、過去７年間、国内外において、法人税をはじめとする各種課税項目及び社会保険料等の公租公課について適法かつ適正な申告を行っており、適時にその支払を完了していること。また、クロージング日以前の事業に関して、対象会社に対する課税処分がなされるおそれは存在しないこと。

⑬ 法令遵守

対象会社は、過去○年間において、適用ある法令等（労働関連の各法令等を含む。）及び司法・行政機関等の判断等を、重要な点において、遵守しており、重要な点において、これらに違反したことはないこと。対象会社は、過去○年間において、事業停止等の一切の行政処分を受けていないこと。

⑭ 反社会的勢力との関係の不存在

対象会社及びその役員は反社会的勢力ではなく、反社会的勢力との間に取引、資金の提供、便宜の供与、経営への関与その他一切の関係又は交流がないこと。対象会社の従業員は、甲の知る限り、反社会的勢力ではなく、反社会的勢力との間に取引、資金の提供、便宜の供与、経営への関与その他一切の関係又は交流がないこと。

⑮ 情報開示

本契約の締結及び履行に関連して、甲又は対象会社が、乙に開示した本株式又は対象会社に関する一切の情報（本契約締結日前後を問わず、また、書面等の記録媒体によると口頭によるとを問わない。）は、重要な点において、全て真実かつ正確であること。

注：表明保証条項は、乙側から上記のような内容のものを、もし事実と異なるところがあれば予め教えて欲しいという趣旨も込めて提案されることがある。その場合、甲側としては、表明保証の内容について理解し、事実と異なるところがあれば（例えば、中小企業の場合、計算書類に誤りが含まれていること等は多い。）、契約書の中に、表明保証の対象から除外する事項を別途明記する必要がある。表明保証の内容をよく理解せずに事実に反することを表明保証してしまうと、後に損害賠償等のトラブルになる可能性があるので注意が必要である。

（別紙2）乙が表明及び保証する事項

① 設立及び存続

乙は、日本法に基づき適法かつ有効に設立され、かつ存続する株式会社であり、現在行っている事業に必要な権限及び権能を全て有しており、法令等上の制限及び制約を受けていないこと。

② 本契約の締結及び履行

乙は、本契約を適法かつ有効に締結し、これを履行するために必要な権限及び権能を有していること。乙による本契約の締結及び履行は、その目的の範囲内の行為であり、乙は、本契約の締結及び履行に関し、法令等又は乙の定款その他内部規則において必要とされる手続を全て適法に履践していること。

③ 強制執行可能性

本契約は、乙により適法かつ有効に締結されており、かつ甲により適法かつ有効に締結された場合には、乙の適法、有効かつ法的拘束力のある義務を構成し、かかる義務は、本契約の各条項に従い、乙に対して執行可能であること。

④ 法令等との抵触の不存在

乙による本契約の締結及び履行は、(i) 乙に適用ある法令等又は司法・行政機関等の判断等に違反するものではなく、(ii) 乙の定款その他内部規則に違反するものではなく、(iii) 乙が当事者である契約等について、債務不履行事由等を構成するものではないこと。また、乙による本契約の締結又は履行に重大な影響を及ぼす、乙を当事者とする訴訟等は係属しておらず、かつ、将来かかる訴訟等が係属するおそれもないこと。

⑤ 反社会的勢力との関係の不存在

乙及びその役員は反社会的勢力ではなく、反社会的勢力との間に取引、資金の提供、便宜の供与、経営への関与その他一切の関係又は交流がないこと。乙の従業員は、乙の知る限り、反社会的勢力ではなく、反社会的勢力との間に取引、資金の提供、便宜の供与、経営への関与その他一切の関係又は交流がないこと。

⑥ 倒産手続等の不存在

乙について、支払停止、手形不渡、銀行取引停止等の事由は生じておらず、かつ、破産、民事再生、会社更生、特別清算等の倒産手続開始の申立てはされておらず、それらの申立て事由も生じておらず、私的整理も行われていないこと。

索　　引

執筆者紹介

山田　勝也（やまだ　かつや）

公認会計士・税理士。

2004年　中央青山監査法人入所

2005年　中央大学経済学部卒業

2007年　太陽有限責任監査法人入所

2013年　税理士法人G&Sソリューションズ設立・代表社員就任

2016年　株式会社G&Sソリューションズ設立・代表取締役就任

監査法人でのM&Aに関する実務経験を活かし、独立後は大型M&Aに限らず、中小規模のM&Aにも積極的に支援を行っており、年間100社を超えるM&A案件に関与している。

近年は中小規模のM&Aが国内で浸透するよう、税理士・会計事務所に向けたM&Aに関するセミナーの実施や事務所内勉強会への登壇、会計事務所のM&A業務対応の支援等幅広く活動を行っている。

主な著書に、『M&A財務デューデリジェンス入門』（税務経理協会）、『M&A組織再編　ストラクチャー別会計・税務のポイント』太陽有限責任監査法人編：共著（税務経理協会）、『株式上場準備の実務』太陽有限責任監査法人編：共著（中央経済社）、『40代オーナー社長のための経営のバトンリレー』（幻冬舎）がある。

執筆協力

国近　宜裕（くにちか　よしひろ）

公認会計士・税理士。
2011年　慶應義塾大学経済学部卒業
2014年　有限責任あずさ監査法人入所
2018年　株式会社G&Sソリューションズ入社
2019年　税理士法人G&Sソリューションズ代表社員就任

松本　朋也（まつもと　ともや）

公認会計士・税理士。
2002年　早稲田大学商学部卒業
2006年　みすず監査法人入所
2007年　太陽有限責任監査法人入所
2016年　税理士法人G&Sソリューションズ代表社員就任、株式会社G&Sソリューションズ入社

力示　龍臣（りきじ　たつおみ）

公認会計士・税理士。
2002年　早稲田大学大学院理工学研究科修了
2007年　EY新日本有限責任監査法人入所
2016年　株式会社G&Sソリューションズ入社

遠州　明洋（えんしゅう　あきひろ）

公認会計士。
2011年　明治大学商学部卒業
2016年　有限責任あずさ監査法人入所
2021年　中堅税理士法人入所
2022年　株式会社G&Sソリューションズ入社

実例でわかる

M&Aに強い税理士になるための教科書〔第2版〕

2020年３月20日　初版発行

2023年11月１日　第2版発行

著　者　山田勝也

発行者　大坪克行

発行所　株式会社 税務経理協会

〒161-0033東京都新宿区下落合1丁目1番3号

http://www.zeikei.co.jp

03-6304-0505

印　刷　美研プリンティング株式会社

製　本　牧製本印刷株式会社

デザイン　株式会社グラフィックウェイヴ

編　集　吉冨智子

本書についての

ご意見・ご感想はコチラ

http://www.zeikei.co.jp/contact/

ISBN 978-4-419-06951-3　C3032